Me ha tocado ser humano

Publicado independientemente.

ISBN: 9798360515401

Índice

Prólogo

Esta es la obra de un joven que se dio cuenta de la importancia de aprender lo más que se pueda en esta travesía, una interesante travesía llamada vida, que el lector o lectora también está realizando. En dicho proceso me di cuenta de que me tocó ser algo llamado homo sapiens, nombrado así en 1758 por un biólogo sueco llamado Carlos Linneo.

Si traducimos homo sapiens del latín nos deja como resultado Hombre sabio, yo no lo escogí, tampoco escogí el momento o la época en la que debía nacer, simplemente pasó. Y ahora estoy aquí, casi completamente seguro de que escribo para un hombre o una mujer sabia, como yo.

Por lo tanto, he decidido reunir una serie de eventos de toda índole, muy humanos eso sí, que ocurren a diario y de los que sabemos, pero decidimos ignorarlos ya que es más sencillo. Dichos eventos comprenden al amplio catálogo de seres humanos, es decir, desde personas que viven con excentricidades y lujos; personas que viven con muy pocos recurso; o simplemente las personas que viven con un balance en los recursos que utilizan.

Es una guía para ampliar la visión de nuestra realidad como seres humanos, de nuestro aquí y nuestro ahora, ya sea que los eventos ocurran a 10 minutos de su hogar o al otro lado del planeta. Este libro reúne, por lo tanto, información de la vida en sociedad a través del tiempo y a través de las culturas. Al momento de escribir este libro mi bagaje de experiencias consta de un repertorio con vivencias acumuladas en 23 años, no tan interesante como quisiera presumir, no he cruzado el océano atlántico para conocer las maravillas de Europa, Asia, África u Oceanía, por ejemplo. De hecho, no he ido más allá de unos pocos sitios de Estados Unidos y México, pero honestamente no creo que sea necesario para ser feliz.

Soy bastante afortunado de vivir en la frontera entre México y Estados Unidos, en una de las ciudades más violentas del mundo, ¡vaya regalo!, pero aquí hay una interesante mezcla cultural, personas de diferentes culturas se reúnen para darle riqueza y diversidad a este lugar, después de todo somos todos humanos llenos de vivencias y cosas por compartir y contar, eso ha sido primordialmente lo que me ha motivado a escribir la presente obra.

Entonces, eso es lo que tengo para ofrecer, una compilación de situaciones cotidianas que ocurren y han ocurrido a través de la historia, que así mismo definen la condición humana, apoyado por ideologías que tratan de dar sentido a lo que hacemos y porqué lo hacemos. Además de eso escribo sobre algunas reflexiones u observaciones de personas que han aprendido a disfrutar la vida utilizando solo los recursos que en verdad necesitan, es decir, desprendiéndose de todo lo innecesario y enfocándose en lo que realmente importa, como resultado tales personas han tenido una vida satisfactoria, haciendo lo que les gusta y siendo libres.

Podría decirse que los ejemplos de la condición humana que se han incluido en este libro fueron añadidos para crear consciencia de lo que implica ser humano, son por lo tanto ejemplos dignos de amplificarse. Debo de confesar que, para la creación de esta obra, recurrí a varias filosofías de vida como lo son el estoicismo, el minimalismo o bien algunos aportes específicos de religiones, con el objetivo de tener un sustento concreto que nutra la noción principal del presente trabajo, por lo tanto, no responde de manera ortodoxa a una ideología.

Para Norma y Gabriel. También para Heidi y Axel.

Aquí comienza esta *travesía*.

Capítulo 1: ¿Qué es un ser humano?

El ser humano es una especie animal, social, del orden de los primates y de la familia de los homínidos que se ha mantenido sobre la faz de la tierra durante aproximadamente los últimos 300,000 años. Sus más de 7 mil millones de individuos habitan en casi cualquier sitio del planeta Tierra, en un sistema solar de la vía láctea. Pero... ¿somos solo eso? ¿Dónde está la magnificencia humana? Al ser la especie dominante, algo maravilloso debe haber en nosotros para haber llegado a ser lo que somos, ¿no? El casi mítico ser humano con su conciencia, su amor y sus innumerables características de superioridad que, aparentemente, no tienen los *animales.* ¿Qué más somos los seres humanos?

Conforme avance en la lectura de esta obra se va a dar cuenta (sí es que aún no lo sabe), sobre la verdad de las características y rasgos humanos, pues después de todo no son tan diferentes a las de cualquier otro animal. Somos animales, una ridícula diferencia en el contenido genético humano nos separa de animales que consideramos muy diferentes a nosotros, los gorilas, por poner un ejemplo. Sin resultar peyorativo y despojado de la idea de retar las creencias de quién lee esto, ofrezco la noción de que semántica y naturalmente el ser humano es un animal.

«Nosotros, los mortales, logramos la inmortalidad en las cosas que creamos en común y que quedan después de nosotros».

-Albert Einstein

Durante los últimos siglos fue el homo sapiens quién se mantuvo con vida, movilizándose por todo el planeta, sobreviviendo y viendo como morían las otras especies de homínidos, hasta que finalmente los únicos humanos con vida en el planeta eran los hombres sabios, es decir, la traducción al español de homo sapiens. Durante los últimos 200,000 años se cree que el ser humano ha evolucionado para ser lo que es hoy en día, el hombre y la mujer modernos, dejando atrás al homo sapiens arcaico.

Otras especies muy cercanas al homo sapiens, que de hecho convivían con nuestros ancestros más primitivos, fueron extinguiéndose debido a su incapacidad para adaptarse a los nuevos entornos o a los constantes cambios que surgían en los lugares que habitaban. Una de las especies que cohabitaron la tierra junto a nuestros ancestros fue el homo neanderthalensis, o simplemente neandertales, quienes vivieron en algunos sitios de Europa, Oriente medio y Asia central. Una especie muy parecida al hombre sabio, sin embargo, no corrió con la misma fortuna que estos.

Tampoco ha sido fácil para el ser humano, en muchas ocasiones se ha visto amenazado de llegar a la extinción. Todos los eventos que han amagado con borrar de la faz de la tierra al ser humano, y a muchas otras especies, desde hace algunos cientos de miles de años hasta la actualidad habían sido todos eventos o catástrofes naturales, fue así hasta la última amenaza inminente: el calentamiento global. Ciertamente, esta última posible causa de la extinción humana y muchas otras especies fue provocada por el ser humano mismo, debido al uso excesivo de preciados recursos naturales, el petróleo o el agua, por ejemplo, dañando así el hogar de millones de seres vivos gracias a filosofías de vida egoístas y de carácter liberal. Tales seres vivos son de origen animal o vegetal, organismos unicelulares o pluricelulares, aeróbicos o anaeróbicos, terrestres, aéreos o marinos, conscientes o inconscientes, etc. Miles de seres vivos que han perecido a manos del ser humano.

Depende de una conciencia colectiva para que ocurra un verdadero cambio en el aquí y en el ahora, logrando que las futuras generaciones no perezcan y vivan digna y sanamente, dentro de lo que se puede controlar. Se requiere para eso, como ya se mencionó antes, de una conciencia colectiva y la predisposición de todos y todas para lograrlo, pero ¿estamos en la misma sintonía?, ¿será posible que alcancemos ese pensamiento en común que nos ayude a reestablecer las condiciones del planeta?, ¿es posible crear una consciencia más o menos uniforme en un mundo globalizado?

Para responder a esas preguntas antes que nada debemos conocer qué es la consciencia, qué es la conciencia y de qué están compuestos dichos términos, debido a la dicotomía existente entre estas. Lo que las diferencia es más que una sola letra.

Puede entenderse por consciencia al acto de comprender los comportamientos y acciones de ciertas personas mientras que la conciencia tiene que ver más con la ubicación temporal, es decir, el presente de los seres pensantes. Han sido la consciencia o la conciencia en sí mismas objeto de estudio de los pensadores más importantes de la historia humana en áreas como la psicología, la neurología y la filosofía.

Dichas áreas se han encargado de entender las fronteras teóricas y materiales de la consciencia e incluso de darle un lugar en el cerebro humano, se le relaciona con las áreas posteriores de la corteza cerebral. Pero a pesar de que se le ha asignado un espacio físico sigue siendo algo intangible, por lo que es complejo tratar de entender la manera en que se materializa algo fisiológico para convertirse en algo tan íntimo y personal como lo son los pensamientos, la percepción, las ideas, etc. Sin embargo, ocurre y es lo que nos vuelve humanos. Hay quienes entienden por consciencia al alma, es decir, un ente intangible que está presente en cada persona, que se encarga de dar identidad, es algo muy propio e intransferible de cada ser humano, contiene cada rasgo característico de la persona y es una vía más pura de conectarse con lo espiritual, por ejemplo, la conexión entre alguien y la religión que profesa.

Es la consciencia aquello que nos da el sentimiento de superioridad y merecimiento sobre cualquier otro ser vivo o recurso natural preciado. Nos ha hecho crear dioses a lo largo de la historia humana para darle sentido a nuestra existencia, "algo tan maravilloso como la vida no puede ser casualidad" nos decimos a menudo.

Mientras que la conciencia ha llevado al ser humano a convertirse en un animal político que requiere de vivir en ciudades o poblados regidos por entes encargados de crear el orden en medio del caos con el objetivo de alcanzar la plenitud para todos sus habitantes.

La consciencia también es responsable del hambre de conocimiento que llevó a la creación de múltiples disciplinas para entender qué está ocurriendo frente a los ojos del espectador curioso que quiere obtener respuestas ante lo que está sintiendo. Fue así como a través de la consciencia, y en menor medida a la conciencia, que se llegó a la creación de campos humanos dedicados al entendimiento de la vida.

La biología para entender a los otros seres vivos que existen junto al ser humano; la física para comprender fenómenos tan enrevesados como la materia, la energía, el espacio y el tiempo; la química para asimilar la composición de la materia; la filosofía para formalizar el pensamiento, etc. Podría continuar con páginas y páginas de este libro hablando únicamente sobre las disciplinas humanas que se han creado a través del tiempo por las diferentes civilizaciones con un objetivo en común: entender lo que está ocurriendo a su alrededor, pero este no es un libro de la historia de la ciencia.

La consciencia es inamovible, intransferible y se mantiene en constante cambio. Un ser consciente de su realidad está lleno de elementos que lo vuelven capaz de pensar sobre su manera de actuar, sus decisiones, sus omisiones, etc. Algo que John Locke llamaba consciencia moral. Después de todo somos seres morales también, ¿verdad?

La moralidad, algo que consideramos propiamente humano, está compuesta por valores y normas internas que nos guían en el actuar diario. Curiosamente es una construcción interna basada en elementos de la vida en sociedad. Se considera a la moralidad como una dicotomía entre lo interno, fundamentado en lo que dicta la sociedad humana, y lo plenamente externo, aquello que castiga lo incorrecto (órganos encargados de crear el orden en la vida en sociedad, tal como las leyes o la constitución política de un país).

El origen de la conciencia puede darse de diversas maneras, una de ellas es a través de un modelo que aprovecha los sentidos, como ocurre con el empirismo, en donde lo que se siente, se escucha, se observa, se degusta y se huele capta la atención de la persona. La percepción está activa en cualquier momento del día y se podría decir que, la conciencia está en lo que se siente, somos conscientes en el aquí y ahora gracias a que apoyados por los órganos sensitivos nos ubicamos temporalmente en el presente.

Uno no puede simplemente sentir cosas que ya pasaron, el cerebro reconstruye, a veces con mucha precisión, algún estímulo de algo que percibimos a través de nuestros sentidos en el pasado, pero nunca podrá usted hacer sentir a su cerebro una vivencia pasada en el presente.

Lo que se considera interno, a pesar de que no pueda desprenderse de lo socialmente estipulado, es cambiante y oscilante conforme la persona madura o crea nuevos esquemas que cambian su perspectiva. Cuando se habla de los valores, es decir, aquello que constituye la consciencia de una persona, se habla de elementos diferentes entre cada persona, hay quiénes priorizan algunos valores sobre otros dependiendo de la situación, también hay quiénes cambian constantemente de filosofía o enfoque filosófico y con ello cambia su constitución de ser consciente, de ahí que sea oscilante.

Por supuesto, es de esperarse que el bagaje de valores con el que cuenta una persona venga de la mano de su educación, su crianza y su motivación interna. Lo más probable es que a quién de niño se le ha enseñado a cuidar su consumo de agua y se le ha explicado porqué se debe hacer continúe haciéndolo aún de adulto, reproduciéndolo y promoviéndolo en la medida de lo posible, con sus hijos, por ejemplo.

Ahora bien, lo interno depende de algunos factores que se sustentan directamente en la vida de la persona y su historia, llegando a elaborar un boceto interior. La mayor parte de esos elementos no pueden ser controlados por la persona misma, por ejemplo: su contenido genético, su condición socioeconómica al momento de nacer, la familia a la que pertenece, el año o la época en que nace, etc. Casi cada uno de estos factores responden a una selección caótica de los eventos que definen a un individuo, hay quienes lo llaman *el plan de Dios*, hay otros que creen en la existencia de un régimen de orden llamado destino que tiene perfectamente bien establecido cada parámetro de la realidad de alguien y que dan sentido a los fenómenos que ocurren en su vida, aunque también hay quién simplemente cree que los factores que influyen en la vida de las personas suceden por mera casualidad, es decir, suceden porque podían suceder y sucedieron, no hay una agenda que determine la actividad de las personas. Algunos podrían llamar suerte a esto último.

Ahora bien, entendamos que la consciencia se va formando poco a poco en la medida en que la persona también lo hace plenamente. Digamos que quien recién nace, ya sea por el plan de dios, por el destino o por suerte, habrá de irse a alguno de los dos polos socioeconómicos (excluyentes, cabe mencionar) que influyen en la creación del sendero de la vida de una persona y que eventualmente es material para desarrollar la personalidad de esta.

Tales condiciones humanas son: la riqueza y la pobreza. Cuando se menciona lo mutuamente excluyente es refiriéndose a que nadie puede ser rico y pobre a la vez y viceversa. Esto, lo de la posición económica es solo un elemento de cientos que son necesarios para que una persona vaya creando su propio entendimiento del presente como ser pensante.

Se hablará más a fondo sobre estas condiciones socioeconómicas en los capítulos dos y tres de la presente obra, pero antes considero necesario adelantar que dichas condiciones se crean a partir del poder adquisitivo que tienen las personas que se encuentran en cualquiera de los dos polos. Desde luego, es más complejo que reducirlo al mero poder adquisitivo, no obstante, la distinción se crea particularmente enfocándose en ese parámetro con la finalidad de no volver esto un análisis de economía, porque no soy un economista.

Existen otros factores que sirven para contrastar ambas condiciones humanas, tanto de la vida de quienes nacen y viven en la pobreza extrema como de quienes lo hace en el opuesto, en la riqueza excesiva. Se entiende, por lo tanto, que el entorno en el que crece un individuo será determinante para su vida, pero, además de la clase en que es criado, ¿qué otros elementos son necesarios para la *construcción* de una persona?

Para responder a lo anterior debemos partir de la idea de que el ser humano es un ser bio-psico-social, con serias atribuciones ecológicas y sexuales, esto nos lleva a entender que tanto el entorno como los factores biológicos y la psique construyen a una persona, es decir, nadie se construye a sí mismo. De igual manera, la construcción de una persona no se hace utilizando cemento de perpetua duración, es decir, no hay un punto en el que alguien pueda decir que sabe todo y que sus conocimientos serán vigentes por siempre, por lo tanto, también se considera necesario introducir a este esquema a la deconstrucción de una persona. El primer proceso, formar al ser, depende de factores internos y externos, mientras que el segundo proceso, el de cambiar o deconstruir lo que ya estaba, se puede sustentar en factores meramente internos.

Gracias a lo anterior, es sencillo poner sobre la mesa la idea de que cambiar está en cada uno, en su voluntad y en la disposición para afrontar los cambios que aquello sugiere. La construcción del ser pensante se mantiene en constante cambio y no termina hasta que la persona muere. Con la deconstrucción ocurre algo ligeramente distinto, es un proceso que puede ser motivado o potenciado por los elementos ajenos al propio ser, pero ha de comenzar únicamente cuando la persona decida que es el momento propicio, consiste en modificar algo que previamente ha sido creado, pero sin llegar a destruirlo, en cuyo caso sería destrucción.

Esto último tiene más que ver con flanquear la integridad, la fortaleza y el bienestar físico o mental de una persona; tiene más que ver con términos de tortura y aniquilación psicológica que con temas que impacten directo al cambio en una persona o las conductas de la misma. Es por eso por lo que en este apartado nos hemos de enfocar únicamente en la construcción y la deconstrucción del individuo. Es un tema sumamente relevante porque es en ello en donde se sustenta la perpetuidad de los cambios.

Imagine que una empresa quiere deconstruir un edificio porque se mira obsoleto, viejo y no compite con los novedosos edificios de otras compañías. Aunque para esto la empresa no está dispuesta a soportar los inconvenientes que ello ha de causar. Inicialmente se tendrían que enfrentar a la renta momentánea de otro edificio y al hecho de trasladarse a ese sitio mientras se hacen los cambios, habría que cambiar temporalmente información de contacto, entre otras situaciones que incomodarían la dinámica a la que se habían acostumbrado los empleados. Evaluando la situación la empresa opta por recurrir a un cambio de fachada, realizado de manera presurosa, yéndose por la opción más barata. En este caso, el edificio si da la impresión de ser uno moderno, con una empresa dentro de tendencias modernas, aunque en el interior se mantiene la misma mueblería y equipo obsoletos.

Podemos suponer que el cambio es intrascendente y temporal, eventualmente la fachada se caería o los visitantes se darían cuenta del truco realizado por la compañía, poniendo en tela de juicio su integridad. Pese a ser un ejemplo burdo, algo similar ocurre con las personas.

La deconstrucción llega y es exitosa y duradera a medida que la persona comprende lo que implica determinada modificación en su vida y decide continuar a pesar de eso. Cambiar solo el exterior del ser evidencia la fragilidad de la construcción inicial, eventualmente se caería la "fachada" de la persona, quedando a la vista lo que en un comienzo fue construido por diversas manos. Es una tarea más sencilla de lo que suena, si se tiene en mente que hay que comenzar por pasos pequeños, que resulten perdurables, entendiendo el trasfondo del cambio.

Hemos comenzado por el ser en el momento en que decide óptimo cambiar porque el desarrollo de la consciencia habita en ambos momentos, pero se dejó para después lo que resulta más complejo comprender, la parte medular del porqué de los cambios al entendimiento consciente requerido en primer lugar. De manera que ahora es momento de cuestionarse sobre la construcción de la persona.

Es como se ha mencionado antes, el entorno en que se desarrolla alguien, desde el momento en que es fecundado, durante su crecimiento y hasta su muerte (ya que este proceso se ultima con la muerte del individuo). Es un proceso complejo, ambiguo y muy amplio. Podríamos comenzar por analizar la intervención de los factores biológicos del padre y de la madre. Es de por sí el espectro genético causante de disyuntivas interminables, por ejemplo, cuando se cuestiona si puede influir más la crianza de parte de un padre o madre no biológico sobre lo determinado de manera genética en el caso de un niño con padre, madre o ambos ausentes. Aunque no hemos terminado aquí, nos falta todo un mundo por recorrer sobre lo que influye para formar a una persona.

Esa noción inicial se extrapola a todo el proceso de crianza, en donde ya no solo influyen los padres, también lo hacen los hermanos, los abuelos o cualquier persona con la que el niño o la niña tenga conexión, es decir, con quién se relacione directamente de manera tal que puede influir en su comportamiento. Este momento puede variar enormemente de persona a persona, habrá quienes tengan una familia nuclear, en cuyo caso la mayor influencia vendría de padre y madre, hermanos o hermanas y posiblemente abuelos o abuelas. En el caso de quien no tiene familia nuclear las combinaciones son infinitas, considerando que incluso puede tratarse de familias formadas por miembros totalmente ajenos en términos de consanguinidad, por ejemplo, amigos de la familia que sean considerados parte de la misma, algún cuidador o cuidadora como en el caso de los niños y niñas en condición de orfandad, etc.

Todas y cada una de las personas que repercuten directamente en la conducta, el pensamiento y las aspiraciones del individuo durante la crianza han de ser relevantes a lo largo de su existencia, precisamente porque enmarcan el proceso de construcción, aunque tampoco acaba aquí, el paso próximo es la educación. Para quien tenga duda, he decidido marcar la diferencia entre crianza y educación a través de la formalidad que hay en los procesos y la validación de estos.

Lo anterior es entendiendo que cuando un padre enseña sobre valores a sus hijos, por ejemplo, no evalúa lo que aprendieron a través de un examen, cosa que sí ocurre en las escuelas. Ahora que se tiene clara la diferencia, es momento de analizar cómo influye la educación en la construcción de una persona. Debemos de comenzar por establecer que la educación obligatoria tiene por objetivo formar individuos para incorporarlos a la sociedad, dándoles herramientas para enfrentarse al mundo laboral.

Parece evidente que la educación recibida por los estudiantes en escuelas públicas es distinta a la que se recibe en escuelas privadas con elevados costos de colegiatura. Mientras que en las primeras se prepara tácitamente a las personas para ser operadores de los distintos sectores laborales, en las segundas se prepara a las personas para ser quien dirija o ejecute la dirección de aquellos sitios.

Desde luego no se presenta tal esquema educativo de manera explícita, pero ocurre y aunque no es absoluto, las probabilidades sugieren que es correcto. De manera tal que, la educación que se inculca en los más jóvenes (o la ausencia de esta) influye totalmente en la construcción de la persona. Es gracias al encapsulamiento de la educación y al entorno que se potencian determinados patrones de comportamiento, las ideologías que rigen el actuar, las aspiraciones, las ocupaciones y el círculo social que se elige. Con esto se entiende que la ubicación geográfica de la escuela, tanto como la localización del hogar de los estudiantes, es fundamental en su desarrollo.

Directamente relacionado con el contexto en el que se encuentran tanto la escuela como el hogar están los servicios disponibles y a disposición del uso de la comunidad. Esto llega a ser un elemento determinante en la construcción de alguien. No es igual crecer con agua potable, electricidad, drenaje y todos los servicios necesarios para una vida digna a carecer de estos. Se complica enormemente la capacidad para realizar tareas que puedan parecer simples, como acudir a la escuela a diario en condiciones ideales, es decir, yendo bien aseado o aseada, alimentados, con la tarea realizada, etc. Lo anterior nos lleva al elemento paralelo a la educación: los pasatiempos, el ocio y las ocupaciones de las personas en construcción.

Mientras que algunos practican deportes por recreación en espacios seguros y adecuados sin menor preocupación otros están a merced de los recursos limitados que tienen para recrearse sin que se comprometa su integridad. Lo anterior, pensando en que el parque (o cual sea el lugar en el que se practican los deportes) cercano al hogar de estas personas puede ser inseguro, inadecuado, o bien carente del equipo necesario para realizar las actividades recreativas.

Además del material físico y el espacio, es relevante el capital humano necesario para llevar a cabo las actividades. Pensemos, a manera de ejemplo, que en una zona de alta marginación alguien proponga jugar golf o algún deporte que se estile en clases ajenas a la baja, difícilmente se tendría éxito en esa propuesta para activarse físicamente. Siendo así, la construcción del ser se ve limitada por los recursos que poseen las personas.

Con los gustos particulares ocurre lo mismo que se menciona anteriormente, el círculo social influye en lo que se adopta como favorito, basado en el entorno que el individuo conoce. En ese sentido, lo que el individuo mira a su alrededor enmarca lo que ha de gustarle, ya sea por repetición o por su búsqueda de aceptación en el círculo social.

Continuamente, y en la medida en que la persona madura biológicamente, el entorno sigue marcando el sendero a recorrer. Una vez entrada la etapa de adultez temprana, la persona está lista para abordar el mundo laboral, aunque tristemente algunos menos afortunados comienzan de manera forzada con este proceso desde mucho antes, desde la infancia. Ese aspecto, el de la ocupación laboral, es tan relevante como los que se han mencionado con antelación (el factor biológico, la crianza, la educación, la recreación y los gustos particulares), por lo que debe analizarse de igual forma.

Principalmente debemos determinar que en la mayoría de las ocasiones las personas trabajan por necesidad, por la necesidad de integrarse a la vida en sociedad cumpliendo con un rol, evolucionando y posicionándose cada vez en un sitio de mayor relevancia por la naturaleza de sus saberes adquiridos, a cambio consiguen un beneficio.

No me limito a mencionar que se trata de una retribución monetaria porque hay personas que trabajan sus propias tierras consiguiendo eso como beneficio. Además, existe el caso de personas que trabajan 'por mero placer', que ya tienen los recursos necesarios para darse una vida común, pero deciden emplearse en alguna institución y cumplir con determinada tarea.

Generalmente ocurre con las personas mayores, quienes ya se han pensionado, por ejemplo, pero tienen deseo de seguir trabajando. Es por lo tanto necesario entender que en las diferentes modalidades que existen de trabajo, ya sea que se trabaje de manera independiente o para alguien más, hay una connotación de obligatoriedad sobre lo que se debe hacer.

Ese sentido de obligación con respecto al trabajo se traduce a una desconexión con el lugar de trabajo. En un artículo publicado por Gallup (Clifton, 2017), en el que se estudia la satisfacción laboral de empleados de tiempo completo de 160 países diferentes, se menciona un dato alarmante, el 94% de los trabajadores en Japón no se sienten comprometidos con su sitio de trabajo, aunque después cambia por una media mundial más baja, del 85%, el cual es un número prominente que evidencia el sentir de los empleados del mundo. De manera que no se erradica la noción de forzamiento al laborar, ocurre lo opuesto. Se forma una especie de predisposición negativa a disfrutar el trabajo o tener deseos genuinos de imponerse ante las adversidades que un empleo implica. Lo anterior, da pie a que aparezcan efectos negativos notorios en la salud, por ejemplo, el síndrome de Burnout, el estrés laboral, la ansiedad en el lugar de trabajo, etc.

Siendo así, además de la posibilidad de dañar física o mentalmente a la persona, también está el riesgo de contaminar la consciencia del individuo, es decir, de impactar negativamente en la autopercepción de quien realiza determinada tarea, a través del malentendido de la serie de estatutos que establecen la relevancia de cumplir con una función en la humanidad.

Es necesario mencionar sobre esta última idea que no se trata de una visión sobre la eficiencia mórbida laboral que sugiere al trabajador ser una persona capaz de realizar múltiples tareas en simultáneo, quedándose en la empresa la mayor cantidad posible de horas y que antepone las ocupaciones laborales sobre su vida personal. Tiene más ponderación el laborar despojado de negligencias, siendo conscientes de que cualquier empleo es digo e importante y de suma utilidad para el desarrollo humano.

Existe una conexión directa entre el alto porcentaje de insatisfacción laboral que antes se menciona y el hecho de que la gran mayoría de empleos sean de tipo operativo, es decir, por cada trabajo de índole ejecutiva o de gestión que existe hay una proporción ridículamente superior de vacantes para tareas operativas, peor pagadas, de menor responsabilidad y sin retos genuinos para los trabajadores, en ocasiones el único reto es la inseguridad o la peligrosidad implícita en las tareas a realizar. Es el entorno lo que se encargará de designar los empleos requeridos, aunque como ya vimos, a lo largo y ancho del planeta terminará siendo equiparable la percepción que se tiene sobre estos.

Imaginemos por un momento un par de escenarios, el primero de ellos es en la zona hotelera de Cancún, México, y el segundo de ellos es la densa zona industrial de Ciudad Juárez, México. El entorno dicta que en el primer escenario la masificación de empleos serán de índole turística, tal vez el demográfico operativo dominante de este ámbito ha de ser como personal de limpieza en hoteles o restaurantes, siendo el abanico de oportunidades ejecutivas uno limitado a la gerencia de estos sitios.

En el segundo escenario sucede algo similar pero en las maquiladoras, en donde habitan las intenciones de emplear en masa de forma operacional, por lo tanto, es en considerable menor medida en otras áreas. En el sector industrial las oportunidades ejecutivas se encuentran en la gestión de las plantas maquiladoras. Como se puede observar, se trata de mundos completamente ajenos, pero que en esencia resultan ser lo mismo. Lo que determina las oportunidades de emplearse es el entorno, incluso considerando como variante el hecho de contar con títulos de educación superior.

Ya sea que se trabaje como el máximo ejecutivo (CEO) dentro de una compañía de renombre o que se trabaje barriendo calles poco transitadas, lo que facilita la comprensión plena de lo que significa un empleo (y que puede traducirse como un síntoma de consciencia) es visualizarlos bajo un enfoque de *rescate* de la experiencia humana, esto es, entender la validez de la energía de las personas, sin importar su ocupación (entendiendo que hablamos de los roles pulcros y dignos de la sociedad, evitando plenamente el conflicto de aquellos otros roles delictivos, criminales y que atentan contra la integridad de otros).

Los líderes, los jefes o cualquier autoridad que figure sobre un grupo de personas están encargados (al disponer de la energía de otros) de consolidar bloques de confianza y responsabilidad sobre los esfuerzos que se hacen en conjunto para lograr que la compañía o la institución funcione. Comprendiendo que el proceso formulado es uno de los principales recursos que se pueden poseer, también uno de los más valiosos y que se convierte en un referente por defecto de la existencia de cada persona. Romantizando la idea anterior podríamos decir que somos lo que hacemos.

Ahora bien, entendemos los aspectos viscerales del entorno como eje central en la determinación de los empleos, en este proceso de construir a un ser humano, pero estamos ignorando un momento de gran relevancia en la consolidación del área en la que decide ocuparse una persona: la motivación y las ideologías intrínsecas. Estos momentos son estacionarios, intangibles y volátiles. La motivación de una persona durante su adolescencia puede ser la opuesta a la que será en su adultez tardía, por ejemplo. Lo fantástico de este último momento es que se puede desarrollar sin alejarse de los otros momentos que ya se han mencionado, porque existen durante toda la vida de un ser humano, así se trate del tiempo de la educación, del tiempo de la crianza o del tiempo del empleo.

Para comenzar debemos separar esos motores internos, la ideología y la motivación, con el objetivo de entender de mejor manera lo que implica ser humano, independientemente del momento que atraviese la persona. Siendo el primer aspecto aquello en lo que la persona decide creer, basado en dogmas sociales y políticos que embonan con su personalidad (en ocasiones se ajustan perfectamente, pero en otros casos son lo más cercano con lo que las personas deciden sentirse identificadas), ya sea que las ideologías se elijan por decisión propia o sean asignadas obligatoriamente por el entorno.

Tal aspecto en la vida de las personas no se limita a darle sentido a su existencia, el ser humano es más complejo que eso, pero son necesarias para delimitar el alto grado de incertidumbre que puede sugerir el mero hecho de estar *aquí y ahora*.

Quiero creer que como seres pensantes ha sido recurrente el cuestionamiento existencialista en quien lee estos pasajes, porque en diversas ocasiones me han surgido a mí. No quiero adentrarme demasiado en la frontera de la religiosidad y el sentido meritorio de la existencia, porque implica polarizar la bella incógnita de la procedencia de la vida en la tierra, pero sin ahondar en estos temas podemos hablar de la necesidad que existe por retribuir o asignar parte de nuestra energía a algo para no desperdiciar una cantidad mayor de energía en lo incierto.

De manera tal que, al depositar en algo los pensamientos referentes a lo ambiguo se conserva energía que sería necesaria para demostrarse cada punto de lo que no conocemos. Digamos a modo de ejemplo que alguien llamado Raúl confía ciegamente en el poder del dinero, su ideología sólida gira en torno a esto. Pese a ser ateo, podríamos decir que el *Dios* de Raúl es el dinero. Mientras que él posea cantidades razonables de *Dios* todo ha de estar bajo control, no va a tener que preocuparse por aspectos que no puede controlar o comprender del todo y que le terminarían consumiendo su energía. De forma que cuando tenemos a *Dios* (cualquiera que sea la religión que profese o cualquiera que sea el aspecto al que ha decidido darle ese valor) la manera de ver la vida se aligera. En el caso de Raúl la intemperancia surge a falta del dinero, pero se manifiesta de diferentes formas en cada persona y sus ideologías.

El proceso de conservación de energía humana surge como una estrategia propia del sistema nervioso. Sucede igual con todos y cada uno de nosotros, existe una necesidad de este proceso de eficiencia neurológica en el que se intenta preservar la mayor cantidad de energía posible, al tratarse de temas ambiguos y de los que la persona no tiene control.

Digamos por ejemplo que usted no lleva a cabo este proceso, que no tiene este filtro de eficiencia, por lo que usted se preocupa por cada pequeña situación o cada pequeño suceso que está fuera de su control, en especial tratándose de los momentos que parecen insignificantes. En caso de que una persona no hiciera este proceso terminaría colapsando, de ahí derivan los problemas de estrés.

Parece pertinente entender dónde se encuentra este concepto abstracto (similar a *Dios o a dioses, pero que no se limita a esto*) en el sistema nervioso, entendiendo que tiene un sitio físico en el cerebro humano. Adelanto ya que hay dos áreas que se enfocan en propiciar la consolidación de pensamientos de esta índole, tales áreas son principalmente dos de los cuatro lóbulos cerebrales. Para comenzar se tiene que el lóbulo temporal apoya a los pensamientos que atienden a las ideologías que se transmiten en un proceso social, al hacer posible el uso de habilidades como el lenguaje, el habla, el reconocimiento de rostros, entre otras. Aunque también colabora el lóbulo frontal, encargado de permitir que sucedan algunas tareas imprescindibles del cerebro humano como la regulación de emociones, la toma de decisiones, etc.

Al igual que como ocurre con el primer tema (el de las ideologías), en el segundo, referente a la motivación, existe un espacio en el cerebro para que se desarrollen los mecanismos de manera correcta. En esta ocasión se trata del sistema límbico, encargado primordialmente de las respuestas emocionales y de las motivaciones (se menciona en plural porque existe la motivación intrínseca y la motivación extrínseca). La primera atiende a una necesidad interna, que se enfoca en la satisfacción personal en algún sentido, puede ser desde algo biológico hasta algo con significancia de logros personales, por ejemplo, de autosuficiencia.

El segundo tipo de motivación tiene relación con volverse acreedores de algo del exterior que no puede conseguirse de ninguna manera desde el interior, por ejemplo, sembrar alguna fruta y cuidarla a diario para recoger en un futuro un alimento natural. Se trata de lo que tiene para dar a cambio la otredad a una persona, logrando infundir la necesidad de realizar determinada tarea para recibir el beneficio con el que se amaga en un inicio.

La motivación humana ha estado presente a lo largo de la vida y es un proceso sumamente personal, con tal peso que puede desembocar en serias afecciones a la salud, como la depresión, cuando hay alguna situación que no ha permitido emerger a los procesos de manera correcta. El medio tiene mayor ponderación sobre la motivación extrínseca, aunque sin lugar a dudas la motivación interna también puede verse influenciada por el entorno.

Los seis aspectos que se han mencionado anteriormente son los pilares necesarios para la *creación* de un ser humano. Es posible vislumbrar que se entra y sale de los diversos momentos. Los pilares mutan. Las nociones centrales maduran. Por nostalgia se regresa virtualmente a determinado momento. Además de la muerte, no hay un momento cúspide en la maduración de una persona, en que se pueda decir que ha aprendido todo y sobre todo, que ya no necesita saber más, porque la vida se traduce en las experiencias adquiridas por medio de los sentidos, transformadas a conocimientos y consolidadas como saberes.

Tal proceso es de genuina perpetuidad y ha sido así desde que tenemos uso de razón y de memoria como especie. La vastedad que aún nos falta por comprender en esta obra gira en torno al desenvolvimiento de los seres humanos en los diversos campos y escenarios que es necesario atravesar, como aquella situación que abraza con vehemencia a la mayor cantidad de personas a lo largo y ancho del planeta, la pobreza. Es debido a eso que se tratará este tema en el capítulo próximo.

Capítulo 2: Pobreza

"La pobreza es la madre del crimen".

-Marco Aurelio.

La pobreza puede ser definida como la escasez de los recursos económicos para satisfacer las necesidades básicas o elementales de una persona. Un pobre no puede acceder a servicios de calidad como el agua potable y el drenaje, el alumbrado público y la electricidad, la alimentación constante y de buena calidad, actividades recreativas dignas y la educación. En resumen, quienes no pueden acceder a los servicios imprescindibles para el pleno desarrollo de una persona.

Para la Organización de Naciones Unidas (ONU), la pobreza no solo se refiere a la no posesión de recursos monetarios, sino que también es relevante la imposibilidad de gozar de servicios de primera necesidad (Objetivo 1: Poner fin a la pobreza en todas sus formas en todo el mundo, s. f.), como los ya mencionados. Múltiples organizaciones se encargan año con año de tratar de detener la pobreza en los principales países que requieren de ayuda. Pero... ¿Cómo se llega a ser pobre? ¿Es necesariamente pobre quién nace en un Estado pobre? ¿Es la pobreza una condición que se lleva durante toda la vida de un individuo o puede detenerse? Si la respuesta a la pregunta anterior es que puede detenerse, ¿por qué no todos la detienen?

Quien nace en la pobreza podría decir que se trata de una especie de castigo, se vive en una realidad profundamente competitiva en la que se poseen escasos recursos. Cada evento puede resultar de suma complejidad si no se posee el capital suficiente. Se podría decir que involucra una serie de eventos y posibilidades que se sustentan en una pizca del *plan de Dios* o de destino o tal vez un ligero toque de suerte. Se trata de hechos incontrolables, cuando menos al momento de nacer, pero que puede cambiar según la disposición de cada persona de realizar un cambio en sus vidas conforme va creciendo y dadas las decisiones que toma en su aquí y su ahora.

En este momento del libro, como en gran parte de lo que se verá a continuación, no se pueden crear absolutismos. Partiendo de la idea de que hay personas viviendo en la pobreza en países con una economía estable como también hay personas viviendo en la pobreza en países con una economía inestable. Sin embargo, las posibilidades de desarrollo son mucho menores en los países más pobres, medidos según métricas como las del Fondo Monetario Internacional en donde se observan valoraciones objetivas realizadas a países según distintos aspectos, por ejemplo, la renta per cápita, que mide el desarrollo económico de algún país durante un periodo determinado.

Es gracias a las bondades que ofrecen las diversas instituciones con un interés por lograr cometidos altruistas que aparecen más y nuevas oportunidades en un evento paradójico en el que solo se permite el crecimiento o el desarrollo bajo una ventana de acciones muy específica, digamos a manera de ejemplo que es gracias a una educación de calidad.

De acuerdo con lo dicho, un país puede asegurar que habrá profesionistas y ciudadanos educados en las futuras generaciones que aportarán al crecimiento y desarrollo del mismo país, a medida que tiene educación de calidad y vastedad en los recursos económicos, materiales o humanos de parte del Estado.

Paradójicamente, los países con altos índices de pobreza no pueden obtener las aportaciones de los ciudadanos en forma de impuestos gracias a que no tienen los recursos necesarios para brindar a los jóvenes la educación de calidad que tanto se requiere. Siendo así, nunca existirán las generaciones de ciudadanos educados que requiere uno de esos Estados. Y se trata tanto de la educación formal como de la no formal – para quien tenga duda en la diferencia de estos conceptos, brindo un ejemplo de cada uno: de educación formal, lo es la educación primaria; de educación no formal, lo es un oficio.

Antes de que una economía comience a desarrollarse se requiere de un impulso previo para crear esas oportunidades de desarrollo. Lamentablemente, pocas personas están dispuestas a ceder ese impulso que ha de costar capital, haciendo que se reduzca la fortuna de uno o varios sujetos que poseen aquello de lo que se hablará en el próximo capítulo: la riqueza.

De manera que los países pobres se quedan pobres porque es lo necesario para mantener el equilibrio en la balanza de los recursos, en esta balanza hay miles o tal vez cientos de miles (o siendo extremistas incluso millones) por cada rico que hay en la tierra, sin importar el país, ni el sistema económico y social predominante. Termina siendo más o menos lo mismo, incluso tratándose de distintos escenarios.

Si nos ponemos a pensar en retrospectiva esto no es algo exclusivo de un sistema ideológico contemporáneo como el capitalismo, ha sido así en muchas ocasiones a través de la historia humana, los sistemas de orden monárquico fueron, durante su apogeo, prácticamente lo mismo.

Gracias al régimen de una monarquía se accedía a servicios a través de una aportación, ya sea que esta fuera monetaria o material, tal como ocurre en el sistema capitalista con la única diferencia de que se puede acceder también a un producto de la elección de quien aporta, la persona también puede elegir a quién va a otorgar sus recursos entre varias ofertas, algo conocido como *competencia del mercado*.

Tal vez la comparación parezca desfasada por las diferentes dimensiones en las que se hace, una siendo de ordenamiento y otra de mercado, pero al final del día son sistemas sociales y económicos que buscan quedarse con los recursos de los individuos para seguir creciendo y tener más poder (de cualquier índole).

Es interesante la propuesta del libre mercado, es decir, el modelo económico que establece que para un mayor beneficio de vendedores y compradores los precios estarán determinados según la oferta y la demanda, permitiendo que haya competencia en la venta de los productos ofrecidos por los vendedores, mientras estos también tienen su propia lucha por quedarse con la mayor cantidad de compradores. Los artículos ofrecidos, difícilmente van a enfocarse en el bienestar y las necesidades de las personas.

El principio del consumismo es "crear necesidades" en los individuos, de forma que a lo último que se instaura es a la preservación de los recursos del consumidor. No es complicado para las empresas vender artículos pobres de calidad y carentes de beneficios para la calidad de vida de las personas. En quienes viven en la pobreza, se nota una tendencia al consumo de productos, servicios y contenidos de mala calidad sustentado en la ignorancia adquisitiva.

La desinformación, la pobre educación de consumo y, en particular, el desinterés de los órganos gubernamentales por tener a poblaciones conscientes dejan como resultado esa inclinación de los pobres al consumo de productos faltos de calidad y beneficio significativo. Aplica también para las actividades recreativas que se frecuentan, los lugares que se visitan y hasta la calidad de las relaciones o las sociedades formadas. Es evidente el confort creado por realizar un esfuerzo mínimo (teóricamente) para conseguir un beneficio reducido pero suficiente.

En Latinoamérica, un claro ejemplo de lo antes mencionado han sido las telenovelas desde la década de los sesenta a la fecha. Se trata de proyectos televisivos carentes de producción y actuaciones de calidad, sin tramas innovadoras, ni trasmisión de temas de índole educativo. Han creado entretenimiento y nada más que eso para una parte significativa de la población, beneficiando a las televisoras y a los anunciantes durante el tiempo que se transmiten los programas.

Lo mismo ocurre con otros programas y proyectos televisivos carentes de valor y beneficio para quien los reproduce. Crean un espacio de confort para las personas que no quieren dejar esa zona precisamente porque les mantiene entretenidos y no tienen que buscar alternativas, tampoco tienen que hacer un esfuerzo mayor, y también puede existir una inclinación a consumir dichos contenidos fomentado por el contexto mismo, pero no es una regla.

Uno de los aspectos determinantes de esta condición socioeconómica y de las personas que se hayan en la misma es el contexto. El cambio latente en los problemas de los seres humanos está implícito en el manejo del contexto y de las masas, pues cada individuo es quién es a través de la reconfirmación del ojo público. Irónicamente, la otredad destaca los aspectos propios en el ser, ya que de otra forma no se sabe que están ahí, no se reconocen.

De forma que, si el contexto determina que una persona no encaja por alguna razón, los aspectos de la persona necesariamente son anómalos por la falta de coincidencia y afinidad. Es gracias a comportamientos como este y de esta índole que existe la discriminación.

A lo largo de la historia humana numerosos discursos de discriminación han sido compartidos, muchos de ellos siendo excluyentes, denigrantes, violentos y que atentan contra el bienestar de las personas a las que se discrimina, lo interesante aquí es que debajo de la máscara de esos discursos se encuentra la pobreza. Piense en un problema que hasta el día de hoy no se ha erradicado completamente, un problema que está en vías de cambio: la discriminación racial. El más vocal de esos problemas sin duda es el desprecio generalizado contra las personas afrodescendientes o de raza negra. No es una novedad conocer que algunos países europeos, sentados en imperios durante el milenio pasado, utilizaban a personas de esta raza para hacer los trabajos más duros. Estos se establecieron en diversos países y con el paso del tiempo la evolución en nuestra consciencia colectiva abrió el paso a conceptos como el de los derechos humanos, en donde se busca que todas las personas, por el simple hecho de ser humanos, deben ser tratadas con respeto y dignidad.

La discriminación racial en un comienzo se trataba de desprecio a personas que no fueran de raza aria, si nos detenemos a analizarlo, vamos a encontrar que tras esa hostilidad está la pobreza enmascarada. Durante gran parte de la esclavitud de los últimos dos o tres siglos, en países europeos y en Estados Unidos, el negro no poseía artículos de gran valor, sus posesiones se limitaban a sus ropas y algunos cuantos artículos más, entonces, ¿cómo el burgués blanco imperativo se permitiría siquiera hablarles a personas en esa condición? No había manera de que se relacionaran las personas que poseían en *grandes cantidades* con las que no *tenían nada*. De manera que, una forma de ver a la discriminación, de cualquier índole, puede ser a través de la pobreza como el núcleo del desprecio y el repudio.

Otro ejemplo de la discriminación, aunque menos vocal, es el de permitir que las personas visiten otros países. Burocráticamente no es tan complicado conocer casi cualquier país del mundo. Imagina que eres un ciudadano argentino que quiere conocer Inglaterra, al momento en que se escribe esto, no es necesario un visado para viajes de hasta seis meses como visitante.

De manera que es una misión sumamente sencilla, ¿no? Ir a comprar un boleto de avión en aproximadamente tres mil quinientos dólares, reservar un cuarto de hotel por un par de semanas en mil quinientos dólares, lo cual deja unos cinco mil dólares, sin considerar aspectos como la comida, las compras realizadas allá, el seguro de viajero, etc. Pero cinco mil dólares para una persona que vive en un país que tiene como salario mínimo mensual doscientos cuarenta y tres dólares (*Salario mínimo mensual en países seleccionados de América Latina en 2022*, s. f.) y que tiene una inflación preocupantemente alta al momento de escribir esto, el asunto se torna complicado.

Para una gran población de personas en Latinoamérica, países africanos, euroasiáticos y asiáticos, entonces, la idea de viajar libremente y ser aceptados de forma burocrática en cualquier parte del globo pasa a ser una mera ilusión. Es una forma de rechazo consustancial que abraza únicamente a las personas que tienen el poder adquisitivo para estar en determinado país, sin importar la nacionalidad de procedencia, la raza, la ocupación, las intenciones, etc.

Ahora imaginemos que la naturaleza de la discriminación se extrapola a otros aspectos, las actividades de ocio y recreación, por ejemplo. Entendemos ahora que las actividades que los pobres pueden realizar están forzadas implícitamente con lo que hay para hacer en el entorno, aquello que le permite a la comunidad despejarse de las constantes obligaciones de sus empleos de 8 a 5. Si se trata de un colectivo que está predispuesto a jugar fútbol porque es la única área a la que se da mantenimiento en el parque de la localidad, las personas se dedicarán a realizar únicamente esa actividad, esto en el mejor de los casos, suponiendo que las actividades de ocio son practicar deportes.

Hay una clara diferencia con el abanico de opciones que tiene disponible una persona de clase alta para realizar actividades de ocio. Siguiendo el hilo de practicar deportes, las personas con una solvencia económica vasta podrían practicar cualquiera, incluso los que impliquen equipo costoso, sin mayor problema que el de la disposición del tiempo.

43

Es evidente que quien se halla en la pobreza no puede permitirse algo así, o al menos no sería una tarea sencilla. Sin considerar el hecho de que hay grupos de afinidad en los seres humanos y siempre está la posibilidad de desencajar en un esquema por la situación económica. Seguramente, los tintes de discriminación no se harían esperar en situaciones como esta.

Las personas en la pobreza extrema tienen libertades expuestas por la disposición de tiempo y la naturaleza de sus ocupaciones. De una persona que trabaja como operador, acreedor al sueldo mínimo, sus responsabilidades serán, en teoría, mínimas. Los discursos de explotación laboral enmascarados por un aumento salarial proporcional impulsan a los trabajadores a atribuirse responsabilidades mayores, aunque estas siguen siendo de producción. Diferentes a las de un ejecutivo, por ejemplo.

En el próximo capítulo, hablaremos sobre la contraparte de lo que hemos abordado en estas páginas. Pondremos en contexto lo que implica ser humano viviendo en la riqueza extrema. Veremos que una de las diferencias marcadas, además de lo que ya hemos mencionado sobre el ocio y las actividades que sirven para despejar la mente de las personas, está la libertad. La libertad en el actuar. Pero antes de brincar al otro polo es necesario determinar diversas pautas que ocurren en las personas que viven en pobreza.

La esperanza y la fe como armas de doble filo

Ante la carencia, la ausencia, el abandono, el deterioro y la aflicción, surge la esperanza. Intangible, saciante, halagüeña, aunque peligrosa, surge la fe. Una tenue frontera separa a la esperanza de la fe, incita, a quien las posee, a pretender que todo va a mejorar. Se logra que las penas encuentren un motivo válido de ser, justificada por pensamientos como: "me sucede esto ahora porque en un futuro todo va a ser mejor", "mejores tiempos vendrán", "no hay mal que dure cien años", etc. De esa forma, las personas abren paso al dolor o al sufrimiento en función de algo superior, una razón que eclipsa su pesar.

Se trata de procesos personales e introspectivos que se basan en el análisis contextual de la persona, realizado de manera subconsciente. Esta serie de procesos inician en las asignaciones esperanzadoras y con relación a la fe, socioculturalmente transmitidas desde la niñez. El adolescente o el adulto tienen la oportunidad de reconfirmar esos procesos a través de la exploración de otras filosofías de pensamiento, otras salidas o bien, "antídotos" que le ayuden a sopesar la cruda realidad.

Ese espacio en las personas no es perpetuo, es más bien cambiante, nuevamente, según la realidad de cada individuo. Quien siente que su fe en el cristianismo se ha quebrantado por fenómenos de la iglesia como institución ha de buscar en otro espacio para lograr rellenar ese vacío, puede suplirlo con algo sano, por ejemplo, a través de la educación, a través de la música, a través del ejercicio, o bien, a través del alcohol y los estupefacientes.

No hay una forma predilecta de sugerir como buscar la fe, al tratarse de un proceso personal la única llave maestra es la meditación. Al meditar incluso en periodos cortos se puede llegar a la conclusión de cuál es el elemento de fe que requiere su vida o la noción esperanzadora que ha de ayudarlo. Es importante entender que la fe tiene relación con la espiritualidad, es decir, la concepción de fenómenos intangibles superiores a lo netamente humano. Y la esperanza se sustenta en situaciones más humanas, por ejemplo, en algún evento, alguna persona, algún fenómeno, algún grupo, etc.

Tanto si su fe o su esperanza se encuentran en un sitio seguro, sólido y bien estructurado tiene usted la obligación de pensar en ello como un arma de doble filo. Desde la idea de que la inacción seguida de una fe ciega trae grandes consecuencias en relación con su poder como persona.

Quien entiende la función de la fe o la esperanza en conjunto con la acción y con poner manos a la obra seguramente no tendrá problemas en alcanzar sus objetivos y metas planteadas. Hay que ceder un espacio a la esperanza en lo adverso y a la fe en lo incierto con el objetivo de volver eficientes nuestros pensamientos, pero jamás debe entregársele la batuta y esperar que buenas cosas aparezcan de ello.

Escribo esta parte en el espacio de la pobreza porque es a quién los pesares sobrepasan y quienes más probabilidades tienen de caer en este lamentable bucle, de una fe o una esperanza ciegas, que conduce al deterioro en la condición humana, por supuesto, no se trata de la totalidad. Acciones como las ya mencionadas, terminan beneficiando únicamente a la otredad que busca sacar provecho de ello, por ejemplo, a la iglesia como institución que se aprovecha de la afición de las personas, a los órganos pseudocientíficos que se jactan de otorgar la verdad única sustentada por la fe de ciertos individuos en la ciencia, a los grupos políticos que esperanzan con propuestas irrealizables a grupos vulnerables, etc.

Se advierte sobre la peligrosidad de sucumbir ante situaciones extremas a las doctrinas o pensamientos esperanzadores ignorando el raciocinio y la intuición. El cerebro humano funciona de manera compleja, incluso lo que parece no tener razón de ser como la intuición tiene una serie de preanálisis subconscientes en favor de la mejor decisión. De forma que si se ignoran procesos humanos básicos como la intuición y la racionalidad sobre la alternativa sencilla de dejar que todo fluya como debería ser, se está haciendo a un lado la capacidad de resolución de problemas cada vez más complejos o que requieren de estrategias mejor elaboradas para salir de esa situación, todo eso no es tiempo perdido, no es en vano y cumple una función: el crecimiento personal. A través de la elevación de consciencia social, la madurez cognitiva, el entendimiento holístico de la comunidad es que se consigue crecer como persona.

Interludio necesario.

A manera de separación entre lo que se ha escrito de las personas que se encuentran en la pobreza y lo que se abarcará en el capítulo de riqueza extrema planteo la siguiente pregunta a quien está leyendo estas líneas: ¿Cómo se justifica a usted mismo o a usted misma la vida que lleva? Con respecto a la vida que otros llevan, en el sentido de que, en su misma localidad, en su misma ciudad, en su mismo país y en su mismo planeta hay personas que son incapaces por alguna u otra razón de darse la vida que usted lleva, independientemente del nivel socioeconómico en el que usted se encuentre. Le invito a cuestionarse sobre esto, sin la intención de atacar o hacer sentir mal a ninguna alma. Llegué a esta conjetura gracias a la meditación sobre mi entorno, con lo cual insto a practicarla, diversos son los beneficios de hacerlo. Difícilmente se llega a preguntas y respuestas de este tipo sin meditarlo.

En mi caso, puedo justificar el ser una persona privilegiada que tiene acceso a todos los servicios indispensables para tener una vida digna, educación y alimento de calidad, a través de las decisiones sobrias que decido tomar, aunque debo mencionar que la justificación puede dividirse en dos momentos. El primero de ellos es enteramente lo que depende del individuo mismo y el segundo es aquello sobre lo que sobrepasa al ser, es decir, sobre lo que no tiene control. digamos que sus decisiones son el momento uno y la familia de la que proviene es el momento dos, por poner un ejemplo.

Partiendo desde el momento uno, en mi caso, desde luego, no todas las decisiones que tomo y ejecuto son las adecuadas, pero se alinean a un plan de vida. En mi plan de vida se estableció como prioridad la educación, teniendo como uno de los momentos cumbre la adquisición de un título universitario. Mi comportamiento, las aspiraciones, las decisiones tomadas y las actividades a realizar, según mi justificación, van ligadas a lo que he establecido como prioridad. De manera que entrego sentido a la vida que llevo gracias a que vivo sin poseer objetos de elevado valor monetario, sin lujos, trabajando desde que comencé la formación universitaria y llevando una vida sobria (en la que los pasatiempos y las ocupaciones se conectan coherentemente).

Como momento dos, en el segmento de mi vida que no me compete a mí, es decir, en donde tiene lugar el azar, la suerte, el destino o como usted deseé llamarle. Aquí se encuentra el hecho de que mi padre trabajó de manera sindicalizada para una dependencia de gobierno gran parte de su vida (durante los momentos cruciales de la mía) facilitando su tarea de poner alimento sobre la mesa, pero eso me resulta imposible justificar, más allá de comprender que ha sido la fuerza de voluntad el motor para que mi padre acudiera a laborar a diario, manteniendo su trabajo y creciendo lentamente dentro de la organización.

Hubo momentos difíciles porque éramos una familia de cinco en donde solo trabajaba mi padre, y yo medio tiempo, aunque no hubo lujos, nunca faltó la comida. He visto a personas, jefes o jefas

49

de familia, trabajar en puestos equiparables al de mi padre, con la misma cantidad de horas que él, pero ellos para una empresa privada en el sector industrial, con lo que su salario era, por poner un ejemplo, la mitad del de mi padre. Aunque soy incapaz de justificar el fenómeno, estoy enterado de su existencia.

Ahora es turno de que usted, lector o lectora, se haga dicha pregunta. Aunque desde ya le anticipo que dudo enormemente que alguien le vaya a hacer dicha pregunta por la calle. Es la clase de dudas que se encarga de ampliar su visión y la percepción de una realidad global y compleja. De igual forma el meditar sobre estos temas sugiere valorar los privilegios de los que se goza y de los cuales quizás la otredad no goza, en cualquiera de los niveles socioeconómicos en que se encuentre.

Capítulo 3: Riqueza extrema

"La riqueza no consiste en tener muchas posesiones sino pocas necesidades."

-Epicteto

Para comenzar el capítulo resulta necesario definir a la riqueza, se puede conceptualizar como la amplia posesión de bienes, propiedades o casi cualquier elemento propio del capital. Esa definición es por supuesto una muy sencilla, evitando la complejidad que inunda el concepto mismo de la riqueza. Iremos explorando esa complejidad a lo largo de este capítulo. Para que se dé el curioso fenómeno de la riqueza antes debe ocurrir con mucha mayor frecuencia otro fenómeno, uno que ya vimos, la pobreza.

Es fácil suponer que no es posible un mundo en el que todas las personas son ricas, en el momento que eso ocurra se terminaría la riqueza per se, quedando únicamente una clase. De manera que para que existan personas viviendo sus vidas de manera liberal consumiendo recursos preciados sin medida antes deben existir las personas que involuntariamente participan para el aumento de los recursos del primer grupo de personas.

Evidentemente, se requiere de un gran número de individuos o de familias enteras para que otra persona o personas de la clase alta tengan acceso al consumo excesivo de recursos o el consumo de recursos de elevado valor. El aspecto interesante sobre la riqueza es la tendencia a destinar recursos en productos o servicios que exceden su valor con respecto a su funcionalidad, o bien su finalidad. Es posible ver productos con un valor exorbitante en el mercado, consumidos por personas con el poder adquisitivo necesario, con el único objeto de demostrar superioridad.

Desde luego no todas las personas pertenecientes a la clase alta y con el poder adquisitivo hacen compras poco inteligentes, en ocasiones las adquisiciones que hacen son más bien una necesidad. Es por lo anterior, que existe la posibilidad de que entre el grupo de personas pertenecientes a la clase alta haya consumidores inteligentes, en donde sus productos y servicios adquiridos se guíen de la conciencia sobre la otredad, teniendo en cuenta la realidad en la que viven. Es evidente que esta manera de comprar no se fomenta abiertamente, de hecho, en las sociedades de tendencia capitalista, está bien visto el consumo excesivo y de productos cuya funcionalidad se ve opacada de manera sublime por la marca.

Es necesario mencionar sobre la riqueza que, en esta no se haya la cúspide de las necesidades humanas que propone Abraham Maslow, la autorrealización, o cuando menos no es la única vía para llegar a considerar que una persona ha logrado su cometido en la vida. Incluso puede que la riqueza llegue a ser un detractor en el proceso por volverse conscientes, es decir, maduros cognitiva y emocionalmente, pues la estabilidad económica no es un estado perpetuo y estacionario, se trata más bien de una condición volátil en la que deben mantenerse las conductas que fueron necesarias para que se pudiera conseguir la riqueza en primer lugar. Lo cual nos lleva al siguiente punto a considerar, hay necesariamente una gran responsabilidad cuando se posee una fortuna.

Son distintas las razones por las que no es sencillo poseer grandes cantidades de capital, como se puede llegar a pensar colectivamente. En primer lugar, por el hecho de que en la tierra no hay un lugar libre de crímenes, siempre habrá personas intentado tomar lo que no les pertenece sin importar los medios para llegar al fin. En segundo lugar, las ocupaciones y actividades que realizan las personas acreedoras a grandes cantidades de dinero suelen exponerles mediáticamente, es decir, se les reconoce públicamente.

Piense en el máximo ejecutivo de una compañía (CEO) de una empresa de prestigio, estará en el radar de una gran cantidad de personas. Sus acciones y declaraciones deben ser cuidadosas, pues se trata de una matización a las libertades del individuo por la mera condición de ser una persona con un cargo importante, remunerado de manera proporcional.

Generalmente las personas que viven en la condición de riqueza extrema o simplemente riqueza deben realizar actividades que ocupan gran parte de su tiempo, pues si recordamos que la riqueza no es un estado socioeconómico perpetuo, hay gastos y deducciones que reducen el nivel de riqueza, tratándose de gastos considerablemente mayores a los de una persona en la pobreza. El tiempo que dedican la gran mayoría de las personas al trabajo o las actividades que les retribuyen monetariamente de esa manera es proporcional a sus ganancias.

Siguiendo con la idea anterior y a manera de ejemplo, tenemos a de un ejecutivo importante, se trata de Robert Iger con Disney. Él expresa, en su libro *Lecciones de liderazgo creativo*, que la entrega de una gran cantidad de tiempo a sus actividades laborales ha sido crucial para haber llegado hasta donde se encuentra actualmente. Pasaron décadas de trabajo continuo hasta que decidiera tomar vacaciones (Iger, 2020).

Es evidente que tanto quienes gozan de riqueza extrema como quienes *sufren* en la pobreza, trabajan una cantidad exorbitante de horas, aunque las obligaciones y retribuciones son muy distintas (por la naturaleza misma de los empleos).

Las decisiones que toman los ejecutivos de una empresa, o cualquier persona con un cargo alto, tienen repercusiones notarias y que pueden afectar a terceros. Una mala decisión o malos resultados puede ser suficiente para que uno o varios empleados pierdan su trabajo. Cuando se habla de que son quienes tienen cargos altos los acreedores a retribuciones económicas altas, se entiende que la fragilidad de su situación depende enteramente de su desempeño dentro de la empresa u organización, en cualquiera que sea su rol.

De forma que también estas personas, tanto como las que viven en una situación de pobreza, se enfrentan a la incertidumbre, incluso con un nivel mayor de preocupación debido a que los gastos de tales personas son más elevados que los de alguien que vive en la pobreza. Siendo así, al tratar de satisfacer sus necesidades se topan con una tarea complicada.

La responsabilidad que habita en estas personas es significativa, debido a la capacidad adquisitiva, el individuo que se encuentre en esta clase ha de batallar constantemente contra sucumbir a la posesión y adquisición de objetos de valor ridículamente alto, aun cuando su función pueda ser cumplida por productos u objetos de menor precio. Lo anterior se da como respuesta ante el sentimiento de vacío que puede acarrear la insatisfacción personal por contar con las necesidades básicas cubiertas.

Octavio Paz escribió en *El laberinto a la soledad*, algo que también he escuchado a mi madre decir en numerosas ocasiones sobre las personas de escasos recursos, ellos viven pobres pero felices (Paz, 2015), seguramente haciendo alusión a que la dificultad para conseguir los recursos, la laboriosidad de los procesos para conseguir aquellas cosas esenciales, como el agua, es un motivador natural que mantiene ocupada a la psique.

Hay un riesgo elevado de caer en una especie de bucle consumista en el que se hacen adquisiciones de objetos a precios risibles, con el objetivo de llenar los vacíos que puedan existir en el ser. No es una novedad ver que deportistas tienen colecciones de vehículos deportivos de lujo que no cumplen otra función más que la de retener momentáneamente a estas personas. Ocurre lo mismo con las prendas de ropa, las colecciones de relojes de pulso, las colecciones de zapatos, etc. Se trata de una forma de demostrar al mundo que tienen la capacidad adquisitiva para lograrlo, el verdadero reto en estas personas es salir avante ante la tentación de consumir de esa manera.

Establecer límites de manera personal consta de una lucha interna en la que la fuerza de voluntad, la humildad y la sencillez son cruciales. Respetar la esencia pura del ser conduce a una vida plena y con esto no se incita a andar desnudos y llegar caminando a todas partes, por supuesto, la modernidad brinda herramientas que nos facilitan la vida con vehículos, prendas que nos protegen de las temperaturas extremas, la posesión de servicios que nos faciliten la vida, pero siempre en función de lo que ya se ha mencionado, una vida sobria, prudente, carente de ostentosos aditamentos – en especial si son innecesarios – y en la que se contempla su rol como individuo socialmente responsable de las condiciones del planeta y su impacto en esta, de cara a nuevas generaciones y a las actuales en desarrollo.

En el individuo privilegiado existe una tendencia a pasar por alto aspectos importantes sobre el mundo en el que vivimos. Podría decirse que ignoramos un universo de elementos. Posiblemente parece impráctico analizar "todo lo que tengo y todo lo que no tengo", pero es útil y necesario, para al menos superficialmente enterarse de esos elementos que cada uno posee y el resto no.

Puede lograrlo al preguntarse cosas sencillas como: ¿De qué privilegios gozo por ser hombre? ¿De qué privilegios gozo por ser blanca? ¿De qué privilegios gozo por ser procedente de un grupo constituyente de la sociedad en la que vivo, es decir, no pertenecer a un grupo indígena?, o bien, ¿De qué privilegios gozo por pertenecer a un grupo indígena que vive en espacios rurales? ¿De qué privilegios gozo por ser un adulto?, etc.

Toda esa clase de preguntas nos humanizan y conectan genuinamente con la noción de que todos y todas somos seres reales, con aflicciones, problemas y privilegios sobre otros. Notoriamente hay privilegios más marcados que otros, pero existen. El único riesgo con este ejercicio es caer en un fenómeno grave que describo a continuación.

Si por visualizar las situaciones de carencia cual si fuera un museo o un circo de las desgracias existe la creencia de que se está logrando un progreso, déjeme decirle que está en un error. Se trata de uno de los momentos indeseables que se quieren lograr con la empatía, algo que he decidido llamar "falsa empatía". No se trata de dar un sentido de lamentación hacia los grupos vulnerables, las minorías, los no privilegiados, a la clase baja o a la otredad en general. Tampoco es verles como mártires, de quienes su única función es sufrir por el ser humano. En realidad se trata de entender desde una posición legítima, cuando menos algunos de los elementos, pues es imposible conseguir una conciencia plena del ser sobre otras personas. Se tendría que despojar de su vida para alcanzar tal nivel de empatía, otra vía por la que tampoco es correcto ir.

La complementariedad surge de la diversidad. A través de ver el mundo desde otra perspectiva es que la empatía adquiere fuerza. Imagine, a modo de ejemplo, la forma en que una persona privilegiada y respetada dentro de una comunidad puede influir sobre las miradas con recelo del resto de la comunidad hacia personas de un grupo vulnerable, puede amenizar la discriminación y aportar a su aceptación e inclusión, todo lo anterior gracias a realizar una praxis correcta de empatía.

Alejado de la noción esperanzadora del hombre caucásico privilegiado como héroe, debe entenderse sagazmente que una de las razones por las que se está en el privilegio, es porque antes, necesariamente, ha existido un grupo no privilegiado, ya sea que se ha influido directa o indirectamente para conseguirlo. Por lo tanto, la visión en todo momento debe ser de respeto, incluso a pesar de que hayan sido sus antecesores quienes cometieron los actos de sometimiento.

No es un ejercicio impráctico si recordamos que quien no conoce su historia está destinado o destinada a repetirla. Caer en lo burdo sería culpar a los hijos de los infractores. En la Alemania contemporánea se enseña de historia, en especial de mediados del siglo pasado, sin encubrir las atrocidades de las pasadas generaciones durante lo ocurrido en la Segunda Guerra Mundial. Pero no se inculpa a los más jóvenes por ello. La diversidad, por ende, requiere de la participación heterogénea de todos los grupos... ¿Qué somos sino la construcción de diversos grupos a través del tiempo?

El hecho de compartir con la otredad ha de dejar buenos resultados, ya que se trata de una tarea comprometedora, pues la creación de subgrupos hace que emerjan cada vez nuevos privilegiados y nuevos grupos vulnerables. Es una tarea compleja y perpetua, que requiere conocer las libertades y las limitantes de cada persona... solo usted sabrá cuáles son.

Directamente relacionado con lo que se menciona antes, la libertad de las personas con riqueza extrema, o simplemente riqueza, habita en una fragilidad de entornos y destinos controlados que hacen necesario llevar al lector a la analogía de la jaula de oro. Es muy común en mi localidad, la frontera con Estados Unidos, pues quien migra, ilegalmente, se da cuenta que su condición de vida mejora, pero está forzado a vivir bajo ciertas limitantes (geográficas, burocráticas, de costumbres y tradiciones, etc.).

La libertad, en este caso, está ligada a la disposición de tiempo y energía. Como se ha mencionado antes, difícilmente se va a poseer riqueza en un estado de eternidad o perpetuidad, quién la posee debe trabajar o hacer actividades equiparables para mantener el nivel socioeconómico. De manera que el trabajo constante y abrupto, bajo situaciones de estrés, en el caso de un ejecutivo o un empresario le deja en un estado donde solo puede gozar algo que me gusta llamar *destellos de libertad*.

Los destellos de libertad son los momentos en que una persona es consciente de su libertad. Al ir a la escuela o al trabajo, estás en plena libertad de estudiar o trabajar, pero no se siente de esa manera. Quien tiene un trabajo de 8-5 y depende enteramente de ello para subsistir, en un trabajo que no disfruta, difícilmente va a ver su trabajo como un momento de libertad, está indirectamente forzado a hacerlo para encajar en el esquema social contemporáneo y ser remunerado para vivir una dignamente.

Los destellos de libertad también son el momento en que una persona ha terminado sus deberes y obligaciones laborales o académicas y puede hacer las actividades que le causan felicidad. Entendiendo la felicidad como un complejo proceso, no de momentaneidad sino de los elementos intrínsecos y permanentes que llevan al placer y al gozo. Propiamente en este libro, pero en capítulos posteriores se verá con más detalle lo que constituye la felicidad y el placer.

Una paradoja en la riqueza

Ocurre aquí, en este campo de la vida, una oportunidad única e irrepetible, que excluye por completo a quienes se encuentran en el opuesto, en la pobreza. Tal oportunidad es la de la distribución monetaria masificada con deseos de anteponer la felicidad de los empleados sobre su beneficio personal. Siendo una persona que colinda entre la pobreza o la clase media se puede apoyar con montos reducidos de capital a quien lo requiere, aunque también se puede apoyar con acciones (que valen enormemente) o, bien, con la atención prestada a las personas en el sentido romántico de dar tiempo y energía a lo que ellos tienen para compartir, pero difícilmente se puede apoyar con cantidades exorbitantes de dinero porque ni siquiera la persona misma que desea apoyar cuenta con esos recursos.

Cuando pienso en esta situación me veo a mí, en mi época de estudiante, sentado en el transporte público viendo como alguna persona de mi comunidad pide ayuda, expresando con pena su sentir sobre el mal momento que pasa. Aunque quisiera apoyar con cantidades grandes de capital a esa persona me veo forzado a no hacerlo, porque apenas tengo para pagar mi comida, soy capaz únicamente de cederle algunas monedas.

Quienes se encuentran en el otro extremo, el de la riqueza, tienen la solvencia económica para hacerlo, pero tienen como impedimento un sistema necesario de preservación de los recursos, de otra forma, eventualmente se encontrarían en el primer extremo que menciono, es decir, si se pusieran a regalar su capital a diestra y siniestra tal vez terminarían en bancarrota (suponiendo que alguien que se ha desarrollado hasta el punto de llegar a las altas esferas del poderío económico decidiera hacer algo así).

El acto paradójico que vislumbro en la riqueza es la capacidad de prestar ayuda. Se entiende que el emplear a otros o crear empresas que generarán empleos ya se consolida como un acto de ayuda, pero es necesario cuestionarse hasta qué punto o en qué medida son empleos de calidad y que fomentan el desarrollo integral de los trabajadores.

En el sentido tradicional del capitalismo, las condiciones del trabajo creado o los recursos necesarios para que funcione la empresa no se consideran, por ejemplo, en las minas a cielo abierto. La comunidad y sus necesidades se ignoran, como si el empleado fuese un ente ajeno a la comunidad, plano y sin la complejidad necesaria del humano. La ayuda a la que me refiero tiene un sentido más humanitario.

No se trata únicamente de ofrecer los empleos, se requiere también de poner en práctica los principios filantrópicos que una gestión humanitaria sugiere. Inicialmente se debe entender que se anula por completo el efecto capitalista de acumulación de recursos. Si bien no se induce a caer en quiebra si se traduce en márgenes de ganancia menores. Piense en que si el dueño de una organización decide otorgar prestaciones y apoyos que brinden a sus empleados una vida digna, sana y acercada a la excelencia tendría que sacrificar los recursos que con sacrificio ha acumulado, afectando directamente sus posesiones. Es por eso por lo que son ellos los únicos con la oportunidad de gozar de tal virtud.

Espero que no se confunda mi idea con el poder comunitario cedido a determinada persona, por ejemplo, el de un alcalde. En cuyo caso se transforma 'la ayuda' por una buena praxis, que es más bien una obligación del titular realizar dichas actividades. Desde luego no se desprestigia la labor realizada por los buenos funcionarios, los buenos gerentes, los buenos comisionados, etc. Pero no puede agradecerse como si no estuviese pagándoseles (de alguna u otra forma) para realizarlo, es más una responsabilidad propia al posicionarse sobre otros. Por lo tanto, nos referimos exclusivamente a quienes disponen de los recursos, que además pueden tomarse la libertad para distribuirlos. Finalmente, entramos a un conflicto que emerge de esta noción distributiva de los recursos a manera de apoyo para las comunidades, hablamos de la justicia social.

Es justo y meritorio que quien emprende un negocio pueda acumular a placer todas sus ganancias, mientras se apegue a la ley y pague lo mínimo a sus empleados, aun cuando no alcance para vivir dignamente, ¿verdad? Porque si en determinado momento algo ocurre con la compañía los empleados no son responsables, están completamente blindados a menos que hayan hecho algo ilícito. Por lo tanto, no hay ningún inconveniente en que el dueño o titular de alguna compañía o dependencia se apegue a distribuir los recursos tal cual se dicta en los documentos oficiales de las diversas naciones, desapegándose completamente de sentimentalismos, del valor del trabajo humano, de gratitud en términos de capital humano y los sacrificios que este hace para cumplir cabalmente con sus obligaciones. El crecimiento simultáneo, de dueño-empleado, sugiere una comprensión de la realidad de tendencia humanista, considerado (al momento de escribir esto) un utopismo, al que han apuntado los genuinos filántropos contemporáneos, con esta cualidad de solvencia económica vasta.

La tendencia a la práctica o a la despreocupación determina el comportamiento de las personas que se encuentran en alguno de los dos extremos. Se entiende, por lo tanto, que quienes se encuentran en la riqueza extrema tengan comportamientos de tendencia radical, tomando acción sobre las situaciones que están en sus manos. Es importante para conservar lo que con sacrificio han logrado que se mantengan bajo una postura como esa, no se sumergen en la marea de sentimientos que implica ser humanos porque puede convertirse en una debilidad. En una existencia tan competitiva como es en la que vivimos, no se puede mostrar ni el menor signo de debilidad, menos cuando se tiene intención de controlar algún mercado. Es por eso por lo que a manera de contraparte del subtema *La esperanza y la fe como armas de doble filo* del capítulo anterior, he decidido integrar estos manifiestos de pragmatismo en las personas que figuran en la élite adquisitiva a lo largo y ancho del globo.

La crudeza empírica como arma de doble filo

Para quien tenga problemas con la definición, lo empírico hace justicia a la experimentación netamente a través de los sentidos: el tacto, el gusto, el oído, la vista y el olfato. Ahora, observar la crudeza empírica hace referencia a olvidarse por completo de factores complejos ancestrales y necesarios para la vida humana, por ejemplo, la formulación de un concepto de Dios. Desde siempre el ser humano se ha preguntado y ha ido construyendo cada vez con mayor solidez teorías de su razón de existir. No hacerlo implica un desbalance tremendo y es la razón por la que escribo esta contraparte, lo hago en el espacio de la riqueza por la naturaleza pragmática misma de quienes se encuentran en este mundo. Hay una tendencia a la acción en quienes poseen más si es que quieren mantenerse en esos niveles, pero, no se trata de una totalidad.

El gerente de una empresa multinacional difícilmente va a estar descansando, viendo el paisaje al medio día en una playa remota, a menos que esté de vacaciones. No sería práctico dirigir una empresa desde un lugar remoto y relajándose, se le requiere activo, presente e involucrado en todos los procesos o la gran mayoría de ellos. ¿Cree usted que una persona cuya tendencia es la acción va a dejar elementos a la noción esperanzadora o la fe (tal como vimos en el capítulo de Pobreza)? Es improbable que algo así ocurra, especialmente cuando se tiene un puesto ejecutivo, es decir, desde el cual se toman decisiones relevantes para el funcionamiento correcto de la empresa. Y ese puede ser un problema tan significativo como el entregarse ciegamente a la esperanza y la fe.

Es sumamente necesario incorporar en la cotidianidad espacios en los cuales dejarle avanzar a la inacción, para esclarecer un panorama atiborrado de problemas o situaciones complejas, en especial si se trata de situaciones sobre las cuales no se tiene control.

Para una persona ensimismada lo anterior ha de resultar complejo. En especial si se es alguien que profesa el ateísmo, pues implica momentos de espiritualidad ajenos completamente (cabe recalcar) a cualquier corriente religiosa. No implica desde luego encomendarse a un Dios ni tampoco tiene nada de malo hacerlo, simplemente el espectro es tan grande que puede llenarse con lo que quiera que haga sentirlo cómodo o cómoda.

Desde la rama de la fe, puede incluso ser su propia concepción de Dios, puede dejárselo a la probabilidad y a la estadística, a alguna figura divina, al destino, al cosmos, al horóscopo, o básicamente a cualquier cosa que vaya acorde con usted y sus pensamientos. Desde la rama de la esperanza puede dejárselo a una persona en quien confía y de quien si depende la realización de la tarea que le acompleja, a cierto grupo que le prometa conseguir aquello que usted requiere, a algún evento o fenómeno que pueda desencadenar acciones hasta cumplir con eso que usted espera.

Es así de sencillo, pero es importante recordar en todo momento no dejarse llevar inerte hacia esa alternativa por ser la vía fácil. Como ha de observarse más adelante, la solución para momentos como este es la creación de un balance entre lo que puede hacer y lo que puede "encomendar" a la otredad.

Como debería ser en prácticamente cualquier otro escenario, el respeto y la predisposición habrán de prevalecer al conocer otras ideologías que puedan nutrir sus concepciones actuales. El criterio debe subyacer de entre una amplia diversidad de ideologías que le venden la idea de suplir esa necesidad (aunque las personas que se encuentran en este punto no lo consideren como tal, por el ensimismamiento o la soberbia). El resultado es una clase de mezcla que recupera lo que va de acuerdo con usted, con sus motivaciones, sus aspiraciones y sus ideales. Por ejemplo, si algo que usted observó en el hinduismo congenia perfecto con su forma de pensar, parece válido adoptarlo, aunque profese el ateísmo, no habrá policías de la religión que vengan detrás de usted. De igual forma, no es imposible profesar una religión de forma ortodoxa sin perder el criterio del ser, pero es, parece ser, una de las maneras más complejas de alcanzar el balance.

Capítulo 4: La brecha entre ambos polos socioeconómicos

Llegamos al capítulo en el que se habla sobre un interesante punto medio entre la riqueza y la pobreza extremas. Un sobrio sistema de distribución de recursos proporcional a las necesidades de cada individuo. Los operadores, por ejemplo, están sujetos a una cantidad que puede aumentar únicamente si trabaja tiempo extra. Los profesionistas o ejecutivos, es decir, personas que tienen un cargo distinto al de un operador, pueden negociar cuál esperan que sea su salario, pero difícilmente tienen la chequera en blanco para asignarse uno.

De forma que lo que en esta sección se escribe es imprescindible analizar los órganos de distribución de recursos, los tabuladores salariales y los empleadores como tal. Necesariamente se recurre a ambos polos socioeconómicos (riqueza y pobreza) para explicar dicha brecha y cómo es posible que exista un punto medio. Considerando de manera hortera que los ricos son quiénes emplean y los pobres quiénes se emplean.

Es posible encontrar en este apartado a servidores públicos de diferentes áreas, que al fin y al cabo trabajen para el Estado y para las comunidades, por ejemplo: médicos, profesores, psicólogos, policías, bomberos, abogados, militares, etc. Los sistemas que distribuyen recursos, por la naturaleza de los empleos, otorgan a estas personas salarios correspondientes a las labores que desempeñan. De manera que no habrá salarios que rebasen por mucho los ingresos de una persona de clase media ni tampoco que estén por debajo de estos. Evidentemente, los salarios van a depender del país en cuestión.

Quien se ubica en este punto de la condición humana se encontrará oscilando entre comportamientos de ambos polos. En ocasiones se trata de comportamientos que tienden a evidenciar que se tiene la posesión plena de recursos y en otros momentos hay una tendencia a mostrar la falta de solvencia. Depende enteramente del momento que atraviesa la persona o la familia. Gran parte de la población está aquí, en menor medida que el porcentaje de seres humanos que se haya en la pobreza, pero en mayor medida del que se encuentra en la riqueza.

Ahora bien, si pensamos en el demográfico que se encuentra en esta brecha, encontraremos a una gran cantidad de personas con afinidades como el estudio de educación superior o una carrera universitaria. Como se menciona antes, generalmente son los funcionarios públicos, empleados de gobierno o dependencias derivadas de gobierno.

El hecho de poseer un ingreso sobrio y suficiente no asegura que las adquisiciones de las personas sean las mejores. Tanto las personas que se encuentran etiquetadas en este apartado socioeconómico, como las que se encuentran en la pobreza o la riqueza, pueden tener malos hábitos en torno a las compras y pagos que realizan.

Por lo tanto, es de suma importancia que exista un análisis sobre lo que se quiere poseer y lo que realmente se necesita. Hay en este apartado una gran posibilidad de ubicarse en un sitio de confort, ya que se tiene un ingreso mayor que las personas que viven en pobreza (lo suficiente para vivir cómodamente), pero no hay una necesidad por cumplir con elementos característicos de la clase alta, por ejemplo, mantener los estándares socialmente estipulados de los pares.

Si la gran mayoría de socios de una compañía establecida en algún sitio de Silicon Valley tienen un auto deportivo valorado en varios miles de dólares, con el objetivo de demostrar poder, en una especie de acuerdo no escrito, se obliga a los demás socios a poseer un carro igual de costoso, o bienes similares a los de los demás, para encajar en el esquema de socios de tal compañía. Las personas que se encuentran en el punto medio gozan de ese sitio de confort.

Otro fenómeno curioso que ocurre en este estado socioeconómico céntrico es la necesidad de autocompletarse. A través del consumo, las personas que puedan sentirse incompletas es que llenan un vacío. Como veremos a continuación, en la gran mayoría de los casos se hace de manera errónea, por ejemplo, comiendo en sobremanera, comprando cosas innecesarias, pasándose horas frente al medio popular, etc. Al momento de escribir esto la forma más popular de llenar esos vacíos es a través de plataformas de streaming, plataformas con vídeos complacientes instantáneos, como *Tiktok* y las redes sociales que ofrecen contenido multimedia en ese formato, en mayor medida las pertenecientes a *Meta*.

De forma que, no se habla únicamente de la adquisición de artículos o la compra de servicios, también se habla de una necesidad de consumo que les mantenga alejados de producir. La producción se puede dar de muchas maneras, en formas de expresión artística, en actividades físicas, en apoyo altruista a la comunidad o cualquier forma de participación en la existencia de cada uno.

Ser partícipe en la vida de uno mismo implica estar solo, en esos terroríficos momentos en que hay que escucharse y confrontarse para comprender quién es cada uno y qué es lo que quiere hacer. Gramsci relata la forma apática de vivir en "Odio a los indiferentes", en donde la indiferencia, hace que aquellas personas (los indiferentes) que no se interesan por su realidad, por participar en su aquí y su ahora, a través del consumo, en cualquiera de sus formas, se distraen y se "completan". El vacío puede llenarse de diversas maneras, otra de ellas es a través de la obediencia ciega, en función del cumplimiento de un rol, ignorando por completo o haciendo a un lado las repercusiones que la toma de tal o cual decisión pueda acarrear.

"Are we the baddies?" (¿Nosotros somos los malos?)

Comienzo este aditivo a la idea de considerar la brecha entre ambos polos socioeconómicos desde una frase obtenida de un sketch británico que me hace mucha gracia, sobre oficiales nazis que se dan cuenta que son "los malos" (Allen y Plowman, 2006-2010). Se trata de un fragmento del capítulo piloto de *That Mitchell and Webb Look,* que conocí a través de un meme. Traigo el tema a colación debido a que generalmente quienes están haciendo algo incorrecto no lo perciben como tal, siempre y cuando haya sumisión de parte del personal operativo hacia quien lidera esas acciones.

Volviendo al caso del nazismo, fue necesario que un gran orador como Hitler enrevesara las nociones patrióticas, supremacistas y humanitarias de los habitantes de los países europeos en quiénes repercutió mayoritariamente y después en el resto de la población.

Es necesario entender desde una perspectiva holística cuáles son las motivaciones de 'los malos', para comprender porque hay personas capaces de hacer tanto daño sin percibirlo como tal. Podemos comenzar por una de las ideas que he de plantear con mayor vehemencia en este libro, el pensamiento sobrio, estoico y congruente no implica la deshumanización del ser. No por priorizar las cosas que le aquejan se tiene que volver inhumano, desapegado y apático. De hecho, implica conocer de mejor manera su contexto y poner manos a la obra. Lo que ocurre realmente para que los malos lo sean, es la deshumanización.

Es un proceso gradual, no ocurre de la noche a la mañana. Trabajaremos como ejemplo uno de los fenómenos que más escucho en las noticias de mi ciudad, el cual tiene que ver con los sicarios, pertenecientes a grupos delictivos del crimen organizado. Escribo sobre estos individuos porque no es una novedad el hecho de que personas que se encuentran en esta brecha que no es ni la pobreza ni la riqueza, como policías o militares deciden pasarse al otro bando.

Se trata de personas comunes y corrientes con complejos de poder que encuentran a través de un arma de fuego la forma de ponerse a la altura de otras personas que están inmersas en ámbitos que estos tipos nunca podrían alcanzar, como, en espacios educativos, en el sector salud, en un área creativa, en el acervo cultural, etc.

Los reclutadores se acercan a personas jóvenes, que les sean de utilidad, aunque en ocasiones lamentables también se acercan a niños de escasos recursos y con falta de atención, para venderles la idea de alcanzar cantidades grandes de dinero, poder, armas, mujeres, etc. Estas personas acceden bajo creencias notoriamente s a la realidad. Su entrenamiento es gradual, salvaje, y su certificación es la ultimación de personas. Algo como esto debe ocurrir en todos los grupos criminales humanos.

Hay otras situaciones que sugieren sentir más impotencia, cuando los grupos criminales reclutan a sus miembros de manera forzada, amagando con matar a toda la familia, quemando sus hogares, etc. Se trata de personas que viven una vida de manera pacífica sin meterse con nadie, pero por el hecho de ser varones sanos están forzados a entregar su vida a grupos con los que no tienen afinidad, por los que no sienten respeto o atracción y que no les inspira a dedicarse a ello, pero por su contexto están obligados a realizarlo, dejando los sueños, anhelos y esperanzas a un lado.

También hay que mencionar sobre el reclutamiento de jóvenes en los órganos gubernamentales que trabajan por la seguridad del país, es decir, quienes inicialmente se unen a grupos militares o policiacos y se mantienen ahí. Estos tienen una filosofía opuesta a la de los grupos delictivos pero los medios, de ser necesario, serían los mismos, solo que legalmente validados: ultimar individuos, invadir lugares, desplazar personas, etc.

Ambas ideologías, las delictivas y las que se hacen en función de salvaguardar el bienestar de la población, son direccionadas por líderes establecidos jerárquicamente y con los que los miembros no tienen problema. Al personal operativo no le queda más que aceptar las decisiones de los líderes, aun cuando son ajenas a su pensamiento, pues de no ser así implica un castigo para el infractor, que en ocasiones puede tratarse de algo peor que la muerte, como ultrajar a sus seres queridos. Esta comprensión de "los malos" se hace con el objetivo de analizar que existe un trasfondo que evidencia los orígenes de quien nada a contracorriente en el flujo humano sano.

En ocasiones excepcionales, las agresiones serán células independientes, como los ataques escolares, los asaltos, las violaciones, etc. Generalmente, hay siempre una organización que implica tener a líderes que den órdenes y a personas que las cumplan, dicho sea de paso, los cabecillas no se encuentran presentes en la ejecución de las decisiones más grotescas, es impráctico y posiblemente les evitaría seguir adelante con sus planes.

Esa es la otra forma de deshumanización, la de planear desde espacios ajenos al campo en el que se ejecutan los planes, atrás de un escritorio, con el apetito saciado, con temperaturas agradables y permaneciendo a salvo. Cabe mencionar que repudio con el alma los fenómenos aquí mencionados, me ha costado trabajo escribir este pasaje, pero es necesario evidenciarlo para quien no esté enterado.

¿Qué pasa con quien obra mal?

Hemos estado rezagando un tema importante hasta ahora en relación con los infractores mencionados en el apartado anterior, se trata del castigo y la persecución. Podríamos englobarlo de manera general en tres momentos. El primero de ellos es la exclusión social, el segundo es la justicia penal y el tercero de los momentos se basa en el castigo interno de autoconciencia, basándose en que el ser se construye a través de la otredad.

Para comenzar se debe entender que la exclusión social es el rechazo que existe en la vida en sociedad hacia las personas que incumplen con las normas estipuladas de manera general. Desde luego estas cambian de lugar en lugar, pero la tendencia es que un consenso dicta que es lo socialmente aceptado y eso se debe respetar, ocurre en las sociedades democráticas. La exclusión es lo primero que ocurre a las personas que infringen lo acordado por todos. No debe confundirse al temor o al repudio con formas de aceptación, son maneras de excluir a estas personas.

A partir de que alguien decide alterar el orden que con cautela se ha mantenido, esa persona pierde el derecho a la aceptación (independientemente de que pueda excluírsele injustamente por otra razón, por ejemplo, por ser procedente de alguna etnia, de tendencia homosexual, etc.). Imaginemos el caso de un asesino a sueldo, tal persona querrá vivir una vida como la que llevan quienes están empleados con ocupaciones que embonan con lo socialmente aceptado, pero en la mayoría de las ocasiones no será así, aunque hay excepciones.

Ejemplo de lo anterior es cuando los infractores comunican discursos a favor de lo que hacen y del porqué lo hacen, convenciendo a muestras de la población, pero siempre habrá una cantidad mayor de personas que lo desapruebe, ha ocurrido en México en las comunidades en las que el narcotráfico tiene gran presencia. Se les convence con la oportunidad de vivir de manera libertina o con dinero en efectivo, poniéndoles en contra de las autoridades, justificando el porqué es correcto lo que hacen. Esa muestra de la población prefiere a los grupos criminales sobre las autoridades.

Para entrar al segundo momento es necesario recurrir a los sistemas de justicia penal. Estos son distintos a lo largo del mundo y cada uno de ellos es de suma complejidad con órganos dedicados enteramente a la comprensión, análisis y ejecución de la justicia. Es por eso por lo que se hablará superficialmente sobre la penalización de parte de las autoridades hacia los perpetradores.

Lo que tengo para compartir, la noción central es que al igual que como ocurre con la exclusión social, durante el castigo de parte de las autoridades, se toman decisiones basándose en un sistema consensuado de lo que implica no acatar las normas de la vida en sociedad. En este momento se priva de la libertad a los infractores respetando sus derechos humanos, teniendo como justificantes los libros de leyes, las constituciones, las normas civiles de comportamiento, etc. A pesar de que el castigo físico o psicológico, el hostigamiento y la tortura no deberían de existir en este apartado sabemos que ocurre, siendo un factor indeseable y alejado del utopismo de la justicia.

Pasamos al último momento, el castigo interno. Es posiblemente uno de los más duros, puede llevar a las personas a una zona oscura de la cual resulta imposible escapar. Impacta directo en la percepción del yo, en la autoestima y las motivaciones para seguir con vida. Es más frecuente en personas que han ultimado a otros seres humanos, incluso tratándose de quienes están amparados para hacerlo como militares o policías.

Aunque depende de la persona, pues se trata de un proceso de adaptación en el que la repetición de los eventos volvería común las atrocidades que han hecho con antelación. A través de un primer caso algunas personas desisten a continuar haciéndolo, enfrentándose a las consecuencias, mientras que otras simplemente siguen haciéndolo, en cuyo caso, podemos aseverar, el castigo interno es bajo o prácticamente nulo en ese momento. De igual manera el castigo interno puede darse hasta la última etapa de la vida de los perpetradores, la vejez. Época de calma y tranquilidad, de reflexión y consulta sobre lo vivenciado. Es la última oportunidad de reivindicarse a través de la autoflagelación del pensamiento, tal como les ocurre a los veteranos de guerra.

Hemos abarcado los momentos tangibles del castigo y la persecución, pero aún queda un escenario (que puede desembocar en varios más) sobre lo que ocurre con quien no sufre ninguno de los castigos. Para dificultar esta conjetura a propósito debemos creer en algo, porque si usted considera que no existe nada más alá de lo que podemos ver y sentir, la discusión termina, la impunidad hace salir avante a los infractores. En cambio, si creemos virtualmente en alguna ideología que pueda castigar a quien ha roto el balance necesario, formulado de manera colectiva la discusión sigue abierta.

Pensemos por un momento en el karma, tal corriente de pensamiento sugiere que quien ha obrado mal va a recibir, a manera de castigo por sus actos, algo que le afecte de manera proporcional, aunque no se especifica de qué forma, en qué tiempo o con quién. También está la justicia divina, que hace despreocuparse por cobrar venganza o hacer justicia por sus propios medios a quienes profesan las ideologías que sugieren la existencia de esta, aunque tampoco se especifica la manera en que han de pagar por sus faltas a la humanidad, se sabe que será Dios y nadie más quien castigue a los infractores, en el caso del cristianismo, por ejemplo.

La frase "los pecados (o crímenes) del padre, los hijos los han de pagar", claramente no es literal, imagine que encarcelan al inocente hijo de un delincuente padre, o bien, ¿qué ocurriría si un delincuente que no es castigado no tiene hijos? Cuando se trata de la justicia de manera ambigua como las mencionadas anteriormente quedan en el aire varios elementos, pero es el propósito mismo de estas corrientes de pensamiento guiar a la despreocupación, ignorado todos los elementos transitorios que puedan hacer daño a quien lo sobre piensa.

Es una manera de despojarse de los pensamientos que no le competen, de enfocarse únicamente en lo que de verdad importa. En lo personal, al ser una persona que no profesa ninguna religión, me gusta pensar que es el sistema nervioso mismo en su vastedad lo que se encarga de castigar a quien ha obrado mal. Es a través de complejos microprocesos del subconsciente, que mantienen en estado de alerta en todo momento a la persona, impidiéndole ser feliz, manteniéndolo en paranoico, siendo incapaz de relajarse por completo, incluso cuando el ser en estado de consciencia considera que sí.

Capítulo 5: El balance en la condición humana

"Es humillante que una persona que da patadas a un balón
gane más que un profesor de colegio."

-Patch Adams.

Comienzo este capítulo con una frase que expresa la inconformidad de un médico que se ha dado cuenta del valor de un buen profesor, o, mejor dicho, de realizar una labor humana de suma importancia como la docencia, que consiste en guiar la adquisición de experiencias y conocimientos de algunos individuos. Y con esto, por supuesto no se refiere a que se prohíba el futbol en el mundo, o cualquier otro deporte, el coraje, tiene más bien origen en la necesidad de crear un balance en la vida en sociedad, en muchos aspectos, pero en este momento se refiere al sueldo.

La frustración de Patch Adams, un médico humanista, interesado tanto en el bienestar físico y emocional de los pacientes, deriva de un movimiento al alza en las últimas décadas: la cotización de los deportistas de élite, tanto de sus sueldos como de su precio en el mercado.

Resulta una situación que aparentemente no va a cambiar pronto en cualquier región del mundo y de cualquier deporte que se piense mientras cumpla con las siguientes condiciones: debe tratarse de alguna sociedad o equipo deportivo; basarse en sistemas lucrativos (con estrategias de mercadeo en las diferentes dimensiones de la sociedad deportiva); enfocado a uno o varios mercados consumistas; que el deporte o la liga se hayan establecido por lo menos durante el siglo pasado en algún país o ciudad capitalista o con esa tendencia y *voilà*, tiene a personas que practican algún deporte de manera sobresaliente con sueldos y prestaciones exorbitantes que nutren al desbalance humano.

Piense en el MVP (el Jugador Más Valioso, por sus siglas en inglés) de algún equipo, tal persona resulta más que un individuo valioso para el equipo que sale al terreno de juego, resulta un individuo valioso para la sociedad deportiva, es decir, aquella en la que se involucra un corporativo con profesionistas de diversas áreas, como: abogados, economistas, consejeros, profesionistas del marketing, médicos, presidentes, vicepresidentes, propietarios, etc.

Los clubes deportivos tienen diversas formas de ingreso para continuar con el proyecto y traer innovaciones cada año, ya sea tecnología para el estadio, jugadores nuevos o más jóvenes, estrategas con victorias o títulos en su carrera que le puedan servir al equipo, entre otras, lo interesante es que la cuestión deportiva pasa a segundo plano en muchas de las ocasiones. De manera que la calidad de los deportistas queda matizada por factores que los superan.

Un ejemplo de lo antes mencionado es el jugador mediático y que ofrece espectáculo de un club deportivo. Naturalmente superará el valor neto de otro posible deportista que le supera en habilidades o destrezas en el deporte en el que practican, quizás el deportista habilidoso, pero menos mediático quedará rezagado.

Para darse cuenta de que es verdadero lo antes mencionado basta con focalizar la atención (de otra manera pasa inadvertido) en esos fenómenos sin importar el deporte, mientras cumpla con lo ya mencionado. Considero que puede haber una mayor tendencia en aquellos deportes que se juegan en equipo. pero también pasa en lo individual.

Ahora piense que no se trata solo de deportistas, como ejemplificaba Patch Adams, se trata también de figuras públicas de cualquier índole, por ejemplo: actores, políticos (diputados, senadores, presidentes, alcaldes, gobernadores, etc.), músicos, artistas, entre otros. Hagamos en este momento un pequeño ejercicio, imagine a dos individuos físicamente similares, la misma edad, una salud física buena, ambos con pies, manos, dedos, piernas, ojos, cerebro, un tono de piel parecido y hablan el mismo idioma solo hay un elemento que los diferencia, pero en torno a esto cambia todo lo demás: tienen sueldos diarios tan desbalanceados que una de estas personas gana en un día lo que una persona con un trabajo de salario mínimo gana en una vida...pero ¿por qué existe ese desbalance? En teoría se habla de individuos muy parecidos.

La necesidad humana de encontrar líderes que guíen nuestras decisiones hace posible todo eso. Las multitudes son capaces de ceder su poder, tal como lo pensaba el filósofo francés Michel Foucault, a otros individuos para que estos sean la imagen de prosperidad y de crecimiento en la que se han de basar, a través de la cual trasladan a la realidad sus anhelos y aspiraciones más grandes.

El consumo, la admiración, el respeto e incluso la sumisión son elementos necesarios para crear a las figuras y enaltecerlas a niveles inconmensurables. Son las propias masas las encargadas de crear individuos con valoraciones demenciales (tanto en el sentido romántico de la palabra, 'valorar', como en el sentido de asignarle un número al trabajo de tales individuos).

Siguiendo con la corriente de pensamiento de Foucault, el poder resulta ser el mayor atributo de un individuo, algo de lo cual no se le puede despojar de ninguna manera. El poder no se le puede robar a una persona, la persona tiene que cederlo. En ocasiones no es una tarea complicada hacer que una persona ceda su poder, se necesita ponerlo en jaque con condiciones inhumanas y que atienten contra los derechos humanos, pero bien camufladas por coartadas legales y respaldadas por sistemas gubernamentales que hacen posible la ocurrencia de esos fenómenos.

Para que el poder generalizado, es decir, el cedido por todas las personas de una comunidad, un país o cualquier grupo con cierta afinidad, sea bien utilizado es necesaria la participación y el interés de todos los miembros. De esa manera los recursos se destinan a las verdaderas necesidades de las sociedades, se previsualiza un balance en la distribución y asignación de elementos necesarios para el crecimiento sano de los grupos de individuos, tanto de manera individualizada como de manera comunitaria, en resumen, para que se dé el bien colectivo.

Si nos enfocamos en que para conseguir el balance en la condición humana se requiere de personas que no se dejen corromper por los momentos de poder, pareciera que se requiere de una élite de humanos, economistas o especialistas de algún campo, sumamente disciplinados...pero la realidad es que las personas centradas se encuentran entre nosotros. Aquellos que son capaces de balancear. Entiéndase que cuando se habla de balance se hace en todos los sentidos. Hacer que las actividades recreativas sean proporcionales a las obligaciones y al esfuerzo aplicado a alguna actividad. Manteniendo en todo momento actitudes y pensamientos bien centrados y congruentes con la persona.

Las actividades recreativas, de las que brevemente se habla en los primeros capítulos, también son aspectos importantes que requieren de análisis, si hay interés por poseer de manera inteligente. Piense en cuál actividad de las que realiza le genera mayor placer. Ahora piense si lo que se requiere para llevar a cabo dicha actividad es congruente y proporcional al placer y beneficio que le genera. Y en este punto considero importante acotar que no es necesario dejar de hacer las actividades que tanto le gustan a una persona, en caso de que se encuentre una desproporción entre las actividades que se hacen por diversión y el trabajo que cuesta llevarlo a cabo, simplemente es necesario crear un balance en lo que se requiere para conseguirlo.

Voy a ilustrar lo anterior con una de mis actividades preferidas, esperando que sea suficiente ejemplo para que el lector pueda hacer un breve análisis. Partiendo del "¿Por qué?", hacia el "¿Cómo?" y culminando en el "¿Qué?". Tal como lo sugiere Simón Sinek en su analogía del círculo dorado (Sinek, 2021).

Me gusta expandir mi bagaje situacional, a través de conocer narrativas impresionantes que dimensionan la realidad, que da la casualidad, es algo que las películas y las novelas hacen. De forma que una de mis actividades favoritas es ver películas y leer novelas (por la razón intrínseca que ya he mencionado) y para lograrlo, aparentemente, solo es necesario que me siente y no haga otra cosa que prestar atención a lo que decidí ver o leer. Pero implica un poco más que ello.

Ver películas o leer un libro implica por lo menos un par de horas de un esfuerzo físico mínimo y tal vez de acompañarlo con algo para comer. Hacer una actividad así requiere de una contraparte: activarse físicamente haciendo ejercicio. Para evitar problemas de salud a raíz del sedentarismo, quien vea películas o lea libros debe tener una coartada para evitar riesgos de salud derivado de pasar prolongados periodos de inactividad, logrando el balance a través de considerar todos los matices de una situación o actividad, es decir, aspectos como: el dinero que es requerido, las repercusiones que tiene en tu cuerpo, la disposición de tiempo que requiere para realizarse, etc. Todo lo anterior con el objetivo de que aquello que cause felicidad se logre de forma congruente.

¿Por qué molestarse?

Este interludio del libro lo escribo con el objetivo de ayudar. Ayudarme y ayudar a los demás, en la medida de lo posible, a quien esté en mi situación o una similar, que presumo, seremos muchos. Se aborda el tema del acomplejamiento por factores diversos. Pero ¿no es el hecho mismo de acomplejarse por elementos intrascendentes un sinsentido? La mayoría de los otros animales o especies no lo hacen. Piense usted en que a menudo el ser humano se estresa por el no presente, es decir, por algo que ya tuvo lugar, como el pasado, y algo que posiblemente lo hará (o no) como el futuro. Eso es algo que no hacen muchas otras especies. Se guían meramente por el impulso, la necesidad de satisfacer necesidades inmediatas e inherentemente se encuentra el factor instintivo dentro de todo esto.

Un depredador, por ejemplo, una vez que ha capturado la cena no va a cuestionarse cosas que a menudo los humanos se cuestionan. No se ve a un tigre preguntándose: ¿Qué voy a desayunar mañana?, ¿Debería guardar un poco para después?, Y si me lastimo y dependo enteramente de esto, sería mejor racionarlo ¿no? Pues no, sin importar lo que está por venir, otras especies, aunque no todas (recordemos a animales que invernan y les es de mucha utilidad) prefieren atender las necesidades inmediatas.

El hecho de que los seres humanos tengan una previsión temporal sobre los eventos, por mencionar un ejemplo, la escasez de algunos alimentos se desarrolla al mismo tiempo que el ser humano aprende a utilizar herramientas y comprende cómo cosechar y porqué es importante hacerlo. En un proceso dicotómico es que el homo sapiens comienza a preocuparse por el futuro. Ahora bien, nuestra necesidad anticipatoria tiene un fundamento ancestral, muy válido, por cierto, y sumamente necesario para la supervivencia y la permanencia como especie que no perece.

Observar los recursos como elementos preciados, como un *regalo de los dioses* se encuentra en algunas culturas primitivas, es decir, existe una consideración al uso deliberado de los recursos o materiales al alcance. Aquí lo verdaderamente interesante es saber hasta qué punto le funciona a cada quién pensar en el futuro y qué pensar sobre este. Si se preocupa pensando en el hecho de que el agua se va a terminar eventualmente y todos vamos a morir, se trata de un sinsentido, aunque es oportuno preocuparse por el consumo de agua, no es necesario atormentarse por ello.

En cambio, si se cuestionan las maneras en las que puede ayudar al planeta con respecto a su uso individual de agua, su preocupación tendría validez. Lo anterior nos lleva a estrategias concretas, por ejemplo, a entender que con duchas de cinco minutos o menos se está ayudando al planeta de manera impresionante. Con eso tipo de afirmaciones se libera de lo abrumante que puede ser cuestionarse sobre el futuro. Desde luego no se trata de una perspectiva conformista. Es una visión reduccionista al amplio espectro de incertidumbre que puede ocasionar estrés por una preocupación sobre lo que está por venir.

Paul Nicklen, cofundador de Sea Legacy, fotógrafo que contribuye a Nat Geo y una persona que tiene un genuino interés sobre la preservación de las condiciones en el planeta, escribe sobre delimitar los niveles de estrés que puede causar el cuestionarse sobre el planeta:

A menudo recibo mensajes directos de personas que sufren ansiedad con relación al clima. Podría ser que incluso usted lo esté sintiendo al momento de leer esto-un sentimiento de impotencia de cara a la crisis global. Si es así, por favor sepa que usted no está solo. La única cosa que he aprendido en todos mis años en conservación es que tomar acción frena esa ansiedad. Firmar una petición, hacer una donación, ingresar a un grupo, hablar con un amigo, llamar a algún representativo, incluso hacer una pausa para recoger basura durante una visita a algún parque local o la playa – cada una de esas pequeñas acciones ha ayudado a mejorar mi panorama en algún punto u otro. La única emoción más grande que el miedo es la esperanza, y podemos hallarla el uno con el otro al construir una comunidad de actividad y acción.

Nuevamente, lo ideal es fomentar los comportamientos balanceados, entre lo que significa el futuro y aquello que puede hacer en este momento con respecto a lo que está por venir, teniendo en mente que puede, o no, ocurrir y de ahí la importancia de no intentar hacer más de lo que realmente se puede hacer.

"I wanna bother god" ("Quiero molestar a dios").

Además de molestarse por colaborar con el planeta al considerarlo como una responsabilidad, estableciendo las debidas fronteras que ya se han mencionado antes, es necesario molestarnos por la dimensión política en nuestras vidas. Tenemos el derecho y la obligación de constatar lo que nos pertenece. Es una de las maneras de conseguir vidas plenas.

La política compete a todos bajo el enfoque del poderío colectivo. Al vivir en una sociedad democrática, por ejemplo, estamos de acuerdo con que sea el mismo pueblo quién elija de manera conjunta y basándose en la mayoría de las personas a favor en que se tome tal o cual decisión. Se entiende que los temas de índole política parezcan sumamente desdibujados y complejos (para quiénes nos encontramos fuera de estas esferas), pero es obligación de los ciudadanos actuar y perseguir a los responsables o titulares de determinada área para que se cumpla de forma cabal lo oficialmente estipulado.

Decido nombrar "I wanna bother god" (Architects, 2021, 0m36s) al subtítulo de este apartado debido a que es una línea con la que coincido plenamente. Es un fragmento de la canción *Dead butterflies* de la banda *Architects*. Es la parte con la que comienza la canción y esa primera línea atiende la relevancia de tomar acción, rompiendo un esquema de nociva tranquilidad. Tomando como perspectiva lo ambiguo que resulta una deidad teológica. Dios es metafóricamente la entidad contra la que se tiene que actuar, en ese sentido Dios puede ser un fenómeno social, político, económico, etc. Al "molestar a Dios" se entiende que la persona que está injustamente sometida a cierta situación ha de tomar medidas para acabar con el sometimiento.

En este segmento trato de alejarme de nociones moralistas que guíen al lector a considerar esta obra como un pre-paso anárquico o una obra de rebelión, no es el propósito de esta obra. Es más bien una observación sobria de lo que implica convivir políticamente con otros seres humanos. El sentido común señala que habría una tendencia marcada al caos si no existieran directrices como estructura rígida de lo que guía a la sociedad. Entendamos por directrices a los entes que enmarcan desprovistos de beneficios lo justo para todos y para todas, estas pueden ser personas, manuales, sistemas enteros, normas sociales, etc. Hay sistemas sumamente sólidos, a los que se debe integrar cumpliendo normativas, por ejemplo, los sistemas de organización social.

En propia carne he experimentado la irresponsabilidad política en los sistemas de organización social, en específico el democrático. Inicialmente se cede el poder a una persona para que tome las riendas del Estado, de la entidad o de la localidad, en teoría se hace de manera consensuada, al considerar apta la filosofía del ciudadano y su partido político, las intenciones y los planes en caso de ser electo. Pero la irresponsabilidad social por la vía de la política llega al no analizar a profundidad las propuestas de los postulantes.

93

No es una novedad la desafortunada manera en la que algunos partidos consiguen votos virtualmente, al proveer de despensas o billetes a individuos de grupos marginados, inhabilitando por completo las bondades de la democracia, encarneciendo mediante técnicas populistas la mala praxis social. El otro momento cumbre de irresponsabilidad llega cuando es necesario dar seguimiento y evaluación a los planteamientos previos a la elección.

"Molestar a Dios" en este caso se refiere a la persecución pulcramente realizada de los organismos políticos necesarios para que exista la homeostasis social, es decir, el equilibrio pleno en función de lo estipulado oficialmente. La verdadera dificultad llega al entender las limitantes de la vida en sociedad para no debilitar las estructuras que con sacrificio y esfuerzo se han consolidado y funcionan de manera adecuada. Me refiero a aquello que jurídicamente es válido, pero ante los ojos de la empatía humana no lo es. Como ejemplo existe el Dilema de Heinz, desarrollado por Lawrence Kohlberg en su libro *La educación Moral*.

En este dilema se plantea que un hombre tiene la necesidad de comprar un fármaco para su esposa enferma pero no tiene el efectivo necesario, entonces, se cuestiona el actuar indicado a través de la vertiente jurídica y la vertiente humanitaria despojada de lo legalmente correcto. El hombre piensa en robar el medicamento con el fin de que su esposa sobreviva, al fin el farmaceuta no ha de quedar en bancarrota por un medicamento perdido, pero sabe que socialmente es incorrecto (Kohlberg, 2017).

La situación se agrava debido a la ceguera ocasionada por la avaricia, de diversas procedencias, pero con un mismo desenlace: la deshumanización. Poco a poco corroe a la sociedad un fenómeno que he decidido llamar *el desapego a las personas.* A través de ideas complacientes la persona se justifica el daño causado a otros, legal o ilegalmente, dando significado a sus actos y creyendo fervientemente en estos, incluso compartiendo los discursos con el resto (si se es lo suficientemente persuasivo) haciendo que también adopten una ideología igual.

Desapego a las personas.

Como se puede vislumbrar por las palabras que escribo recién, una de las situaciones más lamentables que nos puede ocurrir como especie es el desapego a las personas. Más adelante en el capítulo de la Flora y la Fauna, leerá (si es que el libro lo tiene capturado aún), sobre la contraparte de este subtema. He decidido llamarla "Desapego a la naturaleza", con relación a la emancipación a la que el ser humano apunta con mayor frecuencia sobre la vida natural, pero en este primer apartado ocurre la misma preocupación, solo que, con un enfoque distinto, uno centrado hacia la sociedad humana.

Principalmente, hay que desintegrar la idea de que debemos amar a nuestros iguales humanos por existir. Habitan en cada uno de nosotros mecanismos de protección en contra de amenazas, basados en estereotipación, en prejuicios básicos y en la detección natural de patrones. Eso, por lo tanto, no es malo, es una forma de seleccionar a las personas que tienen afinidad con cada quién, un proceso natural de eficiencia social. Hay que tener cuidado con la emancipación absoluta de la humanidad en general.

Entendiendo por humanidad dos cosas: primero, a la interacción interpersonal de la población humana y segundo, haciendo alusión a los pensamientos y comportamientos colectivos que hacen eco en el ámbito personal. Una de las maneras de evadir el desapego es realizando pequeños ejercicios que tengan que ver con la validez humana. ¿Por qué desprestigiar debido a la apariencia de las personas?

Partiendo de la noción que ya he mencionado, los prejuicios han de verse desde una perspectiva desfasada, una que ayudó a los primeros humanos a permanecer seguros en sus grupos, pero como seres que hemos evolucionado paulatinamente, quizás la vía óptima para evitar la deshumanización, es el hecho de modificar aquellos esquemas primitivos en los que se juzga por la mera apariencia.

La validez humana puede entenderse como la práctica de aceptar a las personas a partir de los actos y los comportamientos, es decir, alejándose de aspectos como la vestimenta, las edades, el género, la etnia, la procedencia o el origen, etc. Todo ser vivo es relevante, pero en el caso de los humanos, la situación se dificulta debido a que para formar parte de la sociedad ha de cumplirse un rol o una tarea específica y, es en función de eso que se acepta o se rechaza en la colectividad humana. A través de entender plenamente la libertad de elección es que se puede despojar de ese rechazo o esa aceptación. Para que se comprenda mejor el tema quiero argumentar mi idea con un tema que conozco bien: la educación.

En el universo educativo, generalmente se mira como inferior o con una connotación distinta a la educación no formal. Este tipo de educación tiene que ver con la impartición de talleres que enseñan oficios antes que clases comunes, esta división se aleja de la densa burocracia que rodea a la educación formal. Hay personas a las que les interesa aprender, pero temen al sistema educativo tradicional, a tal grado que llega a ser agobiante. Al no haber esa apertura desisten a todo intento de educarse, convirtiéndose forzosamente en operadores, sin acceder a la oportunidad de desempeñar un oficio que puede llegar a ser tan útil como una profesión.

Durante el siglo pasado fue evidente la preponderancia en el porcentaje ocupado por oficios, en donde estos fungían como el principal ingreso de las familias. Ciertamente los tiempos han cambiado, por lo que se debe evitar el hecho de juzgar o desprestigiar áreas que claramente pueden tener auge, ofreciendo alternativas a la vacante única de operar en las industrias, en los campos, en los grupos criminales, etc. Reitero que no hay nada de malo con decidir ser operador, son requeridos y su labor es sumamente útil, lo inaceptable es que se llegue a ese tipo de empleos por ignorancia sobre las alternativas a la educación formal, ya que esta modalidad no es para todas las personas.

Ahora bien, la aceptación y el rechazo sugieren hacer uso de una de las funciones cognitivas más útiles: el criterio. A partir del análisis de su entorno usted puede validar las áreas y aspectos en su vida, pero en especial, puede evaluar y aprobar a las personas con las que se relaciona. Es igualmente válido saludar a la persona que auxilia en la limpieza de la oficina, que saludar al director regional de la empresa, por dar un burdo ejemplo.

Una de las formas de incrementar el nivel de conciencia es a través de conocer a las personas por su nombre, tal vez un poco de su historia, sus gustos, preferencias, etc. Y no se preocupe por la selectividad, sus grupos de coincidencia son limitados, pese a que pareciera que tenemos nodos sociales sumamente extensos y enrevesados quizás realmente se relacione poco con otras personas.

Sin llegar aún al espacio de las personas modélicas (el último capítulo de esta obra) quiero traer a una de las personas que mejor encajan con lo que aquí escribo, se trata de un viajero español llamado Carlos García Portal, mejor conocido como Charly Sinewan, que documenta sus viajes y travesías y lo comparte en la plataforma *Youtube*. A través de sus documentales es posible darse cuenta el genuino interés que tiene por conocer a las demás personas. Al lugar al que llega esta persona crea relaciones y nexos al conocer la historia de las personas. – Un extra con Charly es que hace uso correcto uso de su influencia y vocaliza una muestra de las historias que requieren ser compartidas, con el fin de ayudar a quien lo necesita. Ha logrado generar apoyo a diversas personas a través de ese medio de difusión con la cooperación de sus seguidores.

Lo más importante con el caso que comparto es la capacidad humana de relacionarse sin colapsar en el proceso, de establecer contactos aun cuando hay barreras de lenguaje, de esa forma se ayuda a conocer los lugares a los que viaja, porque no hay mejor forma de conocer que a través de los locales, al mismo tiempo, amplía el panorama de las personas a las que conoce y les provee de experiencias de vida. No hay una constante en las personas con las que crea conexión Carlos, él nombró dicha estrategia: "el plan es que no hay plan".

Como este caso hay cientos, en donde se consigue evadir el desapego a las personas. Pues parece que con el paso del tiempo el ser humano evoluciona sus nociones de aceptación y validez humana, logrando una mejor realidad para todos. El apego a las personas es probablemente a lo que deberíamos de apuntar si nuestra intención como especie es vivir en orden comunitariamente.

Capítulo 6: Usar solo lo necesario.

"Substitute this feeling with something I don't need
I'd rather suffer than believe and not feel
If only we could choose the reasons we refuse to sleep
Find the proof that you are all you need."

("Sustituyo este sentimiento con algo que no
necesitoPreferiría sufrir a creer y no sentir
Si solo pudiéramos elegir las razones por las que nos
negamos a dormir
Encuentra la prueba de que tú eres todo lo que necesitas.")

- **Fragmento de la canción *You are all you need* de While She Sleeps (2021).**

La anterior es una pieza escrita y compuesta por cinco personas, la cual me hizo pensar en el proceso creativo que sigue quien hace arte. Me dirigió a aquello que ocurre en el individuo o, en este caso, en los individuos durante dicho proceso. Se trata del florecimiento pleno de aprendizaje completamente autónomo y basado en la consciencia del ser en cuestión – lo que ocurre con escribe que escribe esto no es la excepción, a medida que escribo este capítulo pretendo aprender más de lo que sé hasta este punto de mi vida – .

Suelen suceder cosas inauditas cuando se vive en una sociedad basada en el consumo, como suelen ser algunos contextos latinoamericanos, el norteamericano, las culturas occidentales, etc., en donde constantemente se motiva a las personas a consumir lo más nuevo del mercado porque de otra manera estaría fuera de moda, que según el concepto estadístico es: aquello que se repite más veces en una población.

De manera que si no se consume aquello que *sutilmente* se le ha sugerido que consuma, quedará rezagado y de cierta forma excluido del grupo que ha consumido el producto que define la moda. Las sugerencias de consumo llegan de todas partes, en la calle mediante anuncios publicitarios, en la televisión en el intermedio de alguna programa, en la radio de la misma manera, en los dispositivos inteligentes, en los medios digitales, en los productos que ya de por sí se consumen e innumerables otros sitios en los que puedes encontrar esas "sugerencias", que cabe mencionar, son preocupantemente cada vez más acertadas ya que se basan en información auténtica e individualizada, de cada persona a través de su información personal obtenida de aquellas aplicaciones recurrentes.

Es necesario para quien desea basar su vida en una filosofía de consumo inteligente que no permitan a otros influenciar sobre lo que está por consumir. Es improbable que alguna compañía, sea la que fuere, tenga un mínimo interés genuino en recomendar algún producto que en realidad le sea útil a la población. Incluso las empresas farmacéuticas que textualmente establecen en sus misiones: prevenir, curar, aliviar o controlar las enfermedades de los seres humanos, realizan prácticas publicitarias sobre drogas que pueden evitarse mediante la realización de otras actividades como un cambio en la dieta, realizar ejercicio recurrentemente, o bien evitar prácticas dañinas como el sedentarismo, el consumo de alcohol en exceso, etc. El consumo de lo indispensable y necesario se puede realizar de muchas maneras. Inicialmente, creando listas con los productos que en realidad son necesarios en lo cotidiano y aquellos que sin problemas se pueden evitar. Es a través de la atención focalizada que se logra evitar que terceros influyan innecesariamente en el consumo, es decir, analizando brevemente los productos que el mercado presenta y lo que, basado en la experiencia del comprador, sabe que será el producto una vez que lo consuma.

Esto es alejarse de la adquisición basada en publicidad y las *sugerencias* de empresas que se encargan exhaustivamente de conocer los intereses de conglomerados, en los que entra estadísticamente casi cualquier persona, de manera que parecen productos hechos a la medida para cualquiera.

Otra manera de consumir inteligentemente es pensando en que las cosas que se compran no otorgan identidad. La identidad de las personas se haya en lo innatamente humano, por ejemplo, a través de las costumbres, la crianza, el factor biológico y el bagaje de cada individuo. De manera que no puede estar más equivocado quien cree que los artículos que ha adquirido con dinero, en una tienda, le otorgan identidad y sin ellos se encuentra a la deriva en un mundo que aclama a las personas buscar ser único.

Ryan Holliday, posiblemente uno de los mayores exponentes del estoicismo en la actualidad, tiene una lista de cosas *que no deberías de hacer para llegar a la felicidad* por la vía de la práctica del estoicismo, en uno de tantos apartados que ha escrito, escribe lo siguiente: "No ates tu identidad a cosas que posees". Invariablemente aquellos artículos que poseemos van a dejar de funcionar, van a caer en la obsolescencia, van a dejar de ser confiables, etc. Por lo que se debería de entender que aquellos artículos adquiridos no son más que eso. Es válido adjudicarle un alto valor subjetivo, es decir, que su valor llegue a ser más grande que la funcionalidad misma del artículo, pero considerando en todo momento evitar asignarle algo tan propio como la identidad.

El entregarle el valor indicado a objeto viene de la mano de la educación de consumo, una asignatura que debería tener un mayor peso en lo que se enseña a los más jóvenes. Cuando de pequeños se nos habla sobre la importancia de reciclar, reducir, reutilizar, rehusar o reparar se hace generalmente obligando a los profesores de educación básica a que le enseñen a sus alumnos algo en lo que ellos ni siquiera realmente creen, o algo que no practican, en muchas de las ocasiones debido a la pobre cultura del cuidado y preservación del tercer planeta del sistema solar.

Y con esto no se señala a los profesores, ellos y ellas son meros agentes operarios de un sistema avasallador, es más bien la falta de trascendencia en elementos cruciales de la vida de las personas. Se ven los contenidos en los libros de texto, pero la noción cotidiana y tangible puede quedar mermada por la saturación de los profesores o la falta de conocimientos de los padres de familia, etc.

A lo largo de la historia humana han existido culturas que tienen un profundo apego por la naturaleza y todo lo que abarca lo no humano: plantas, animales de cualquier clase, el mar, el cielo e incluso el espacio. Ante esta enseñanza intergeneracional los niños y las niñas de esas comunidades crecen respetando la vida en general, valorando los recursos que han obtenido y gracias a los cuales siguen con vida; de lo contrario estarían muertos y saben que en algún momento han de finalizar el ciclo. Cuando se habla de valorar, se hace en el sentido de apreciar los materiales y recursos que han adquirido y entendiendo que es todo un medio para conseguir un fin: vivir.

Es imprescindible hablar de que no hay un mínimo de recursos con el que una persona pueda vivir, es decir, se puede sacar un promedio, por supuesto, pero es no determinaría el mínimo de recursos que una persona requiere para vivir. Comencemos por establecer qué es lo que materialmente una persona necesita: alimento y bebidas, ropa para mantener la temperatura corporal y un lugar en el que vivir. Siendo muy concreto y elemental, lo anterior sería lo primordial en la vida de cada persona. Si incluimos algunos otros aspectos que atiendan a la dignidad humana hablaríamos de otras necesidades, por ejemplo, espacios para que las personas realicen actividades recreativas, con el objetivo de que se despejen una vez que hayan terminado sus obligaciones.

Siguiendo esa línea de pensamiento, también hablaríamos de que es necesario para una vida digna tener hogares con los servicios básicos: agua, drenaje, servicio de electricidad, suministros de gas y (tal vez, solo tal vez) conexión a internet (debido a que la educación y algunos entornos laborales, como evidenció el confinamiento por el Covid-19, pueden darse a distancia de manera satisfactoria, al seguir ciertos estatutos).

No obstante, por la condición misma de las personas en los diferentes contextos, el mínimo es distinto en cada realidad. Mientras que en países en vías de desarrollo tener agua, drenaje y electricidad puede considerarse un lujo, en países de primer mundo no tener internet se considera una atrocidad. Por la dinámica de las personas que ahí viven y la naturaleza de las actividades.

Lo anterior, no implica que sea malo tener aspiraciones que mejoren la calidad de vida de los individuos, al contrario, se trata de un utopismo creciente. La cuestión es que no es posible estandarizar el consumo de cada individuo ni los requerimientos, como ya se mencionó anteriormente, estos dependerán del contexto de cada quién. Lo que sí es posible es establecer métricas individualizadas basadas en la cotidianidad, es decir, ser su propio punto de referencia y mejorar con respecto a sí mismo. A modo de ejemplo, digamos que una persona – llamada Gael – tiene interés en *usar solo lo necesario*, tiene que bañarse cada día para ir a su trabajo (o a la escuela) y dura alrededor de diez minutos haciéndolo, inicialmente él debe entender el impacto de su consumo.

Entiéndase que en promedio se utilizan alrededor doscientos litros de agua por una ducha de diez minutos. Una cantidad considerable de agua. Lo que una persona promedio ingiere en casi dos meses según el Institute of Medicine (2005). Entonces, si Gael quiere que su consumo sea inteligente y sostenible debe establecer un tiempo límite, inferior al de su inicial consumo desmedido. Siendo así, la persona pasa de ducharse durante diez minutos a ducharse durante cinco y pensando en que podría reutilizar el agua que suele desperdiciarse, en el inter en que se pone a la temperatura deseada para bañarse, por poner un ejemplo. Esa agua desperdiciada, digamos unos dos mil quinientos litros al año, pueden usarse para limpiar los pisos, para regar las plantas, etc.

Cuestionarse sobre el uso exclusivo de lo necesario desemboca en un tema de suma importancia, el bien colectivo. Es la consolidación de esfuerzos en función de algo superior. Algo que particularmente considero como el sendero correcto hacia donde el ser humano debe avanzar. Se trata de una labor ardua y que, dependiendo de la persona, podría llegar a visualizarse como algo injusto, pero trabajándose un pro del bienestar humano logra otorgar existencias dignas a quien trabaja en conjunto con los demás hasta alcanzar un fin que beneficie a todos.

Capítulo 7: Bien colectivo

«Lo innecesario, aunque cueste solo un poco, es caro».

-Séneca.

Si le pregunta a cualquier persona si considera que debería de haber equidad en el mundo, posiblemente le diría que por supuesto, es justo y necesario que todos tengan las mismas oportunidades, pero si a esa misma persona le comenta los privilegios de los que goza y de los que posiblemente tendría que despojarse para que algo como el bien colectivo ocurriera, tal vez ya no le sonaría tan agradable la idea como al principio. Eso fue algo que me sucedió a mí.

Cuando se habla de crear consensos que permitan dar a cada quién oportunidades similares, generalmente se hace sin pensar en qué en la vida debe existir un balance, tal como ya miramos en *El balance en la condición humana*. Imagine que usted quiere ayudar a erradicar la explotación laboral en condiciones precarias, como, la industria textil. La ropa que usamos es producida mayormente en países cuyas condiciones laborales son risibles, un ejemplo puede ser Bangladesh, para comenzar hay que tener en cuenta que las fábricas operan con personas muy jóvenes, niños o niñas en algunos casos, trabajando quizás bajo condiciones inseguras.

Ya puede ir esbozando una idea de lo pesado que es el resto de los elementos en esa industria: sobreexplotación, salarios injustos, controles de salubridad bajos o nulos, etc. Si se quiere erradicar una condición humana tan deplorable, no solo en Bangladesh o Camboya o cualquier lugar que se dedique a la industria textil, hay que empezar pensando en que tendríamos que hacer algunos cambios colectivamente.

Las prendas con las que vestimos son en su mayoría desechables, es decir, la vida útil es corta ya que la industria de la moda pretende que algunos artículos se utilicen por una temporada. Después de ese periodo la ropa obviamente no desaparece, simplemente queda fuera de las tendencias y la calidad del producto va en descenso, se descoloran algunas partes de la prenda, se pierde elasticidad, etc. Ahora imagine que un primer paso, para la erradicación de condiciones de trabajo deplorables como las ya mencionadas, es dejar de consumir ropa tan frecuentemente. Si no hay una demanda no hay un mercado y, por lo tanto, no hay industrias que atiendan a las necesidades de la masificación.

Lo que se debe hacer es apuntar a los productos con una vida útil muy alta y con constantes en la moda, es decir, utilizar prendas básicas como: jeans que no vayan a perder su color con el paso de los años; playeras blancas o de colores neutros sin estampado; chamarras o chaquetas que no pierdan su forma, tal como las chamarras de lana; entre otros artículos.

Evidentemente se renuncia al llamado "estilo" que consiste en poseer y vestir productos de marcas que en ocasiones exceden por mucho su precio por la utilidad que tienen, por ejemplo, las prendas de las marcas más caras y cotizadas del mercado. Tendría que cambiarse la búsqueda del estilo por la durabilidad y la practicidad en los productos, al menos priorizar la primera. Una situación similar crearía un bien colectivo, modificaría el mercado actual haciendo que la industria textil no sea tan demandante. ¿Estaría dispuesto a cambiar su consumo frecuente de ropa y con esto, su estilo, para ayudar a erradicar las condiciones deplorables para quién trabaja en la industria textil?

Ahora vayamos a una situación un tanto más delicado que aquello que cubre nuestros cuerpos, hablo de los vehículos. Seguramente se ha cuestionado qué va a ocurrir si ya hay millones de vehículos en la tierra y cada día se producen más – y si no lo ha hecho, le invito a que lo haga – . Si bien es cierto, hay un sistema de reutilización de piezas de vehículos que son chatarra o bien del vehículo completo como tal, pero hay una preocupante contaminación en el proceso.

Las gigantescas máquinas que permiten triturar y después fundir los metales de los vehículos sin duda no ayudan a los problemas con la capa de ozono y todo lo que de ahí deriva. Si nos cuestionamos la volatilidad que existe en la industria automotriz, es decir, en aquellos objetos mecánicos que nos permiten movilizarnos día con día a cualquier lugar al que decidamos ir, debemos considerar que sucedería algo similar a lo que se ha sugerido sobre la ropa. No todas las personas tendrían un auto, habría que sucumbir a vehículos no motorizados como: bicicletas, skates o simplemente caminar y hacer uso de autobuses – o vehículos de uso colectivo en general –. Quién tuviera uno sería por completa necesidad para laborar o por alguna condición médica.

La industria automotriz es de las tantas que no se detienen jamás. Creando modelos nuevos con unos pocos meses de diferencia, los vehículos caen en la obsolescencia con rapidez. Aquellas personas que cambian con gran frecuencia de vehículos y que desean hacer algo por ayudar a este *pálido punto azul* en el que vivimos deberían sacrificar estrenar un lindo auto con algunas mejoras cada año. Entiendo que el olor a nuevo es fantástico, pero si los autos se construyeran para durar varias décadas nuestro planeta sin duda lo agradecería.

Al igual que como ocurre en la industria textil, en la automotriz habría que hacer cambios, si es que queremos que haya un bien colectivo. Tal vez enfocándose en un sistema de preservación de los vehículos pensando en que estos tengan una vida útil muy prolongada. Evidentemente, sería necesario que la industria pensara en crear aditamentos que permitan a los vehículos no caer en la obsolescencia con tanta rapidez.

Lo anterior se logra quizás creando kits de actualización cada 5 años aproximadamente, de manera que los vehículos tendrían una vida útil prolongada. El problema radica, y esto hay que considerarlo como una constante, en el estilo. Las personas que tienen el poder adquisitivo prefieren movilizarse en un vehículo de reciente modelo, es decir, del año en curso y con ello demostrar su poder de compra antes que utilizar un vehículo que han utilizado diez años, aunque siga funcionando de manera óptima.

Se sacrificaría la estética del vehículo ya que naturalmente cualquier producto va a perder calidad estética con el uso, incluso cuidándolo de la mejor manera, no obstante, se consigue aportar al planeta y su frágil condición actual.

Lo que se señala en esta obra no son más que esbozos por consolidar una mejor realidad, pero para un cambio significativo hay que llegar directamente a la médula espinal de las sociedades. Siguiendo este hilo es posible saber que el cambio está en hacer modificaciones significativas empezando por quién está a cargo. Si hubiese una consolidación de personas en las distintas esferas de poder que tengan en mente el bien colectivo como objetivo único no habría de que preocuparse.

Hay que recordar que se habla en el capítulo del "Balance en la condición humana" de que las personas que saben balancear no son una élite supremacista supersecreta, se trata únicamente de personas conscientes de su entorno, empáticas y dispuestas a ceder por el bien común, pero es curioso lo que ocurre en el ser humano cuando tiene poder. Hay una predisposición por hacer crecer el poderío debido a un temor intrínseco a perderlo; a perder la condición de alfa.

Entonces quién ha recibido poder, difícilmente va a querer perderlo. Y no es necesariamente malo, hay situaciones que solo pueden lograrse a través del asesoramiento de un líder, no obstante, el ideal es entender que cuando se trata de un rol de ejecutivo o persona encargada de la toma de decisiones debe existir la preservación del poder otorgado, es decir, a menos que los buenos resultados hayan hecho que el colectivo solicite un cargo más elevado para esa persona. De forma que mantener el poder y enfocarse en el aquí y ahora traerá quizás mejores resultados en las actividades inmediatas de las personas que quien se enfoca en buscar un puesto más alto desatendiendo su puesto actual, es algo lógico, ¿no?

Directamente relacionado con lo que ocurre ante la presencia de poder en la tarea de conseguir un bien colectivo se encuentra la formación de equipos para llevar a cabo diversas tareas. Se trata de una de las vertientes humanas cruciales para el desarrollo sano. Es el hecho de cooperar con otras personas, impulsado por una mínima afinidad, pero con una meta en común.

Realmente puede ser cualquier afinidad, por ejemplo, desde personas que tienen un mismo perfil profesional hasta personas que lo único que tienen en común es el idioma que hablan, sin embargo, es sumamente necesario que existan algunos objetivos o metas en común. En este proceso, la diversidad llega para nutrir el desarrollo de los grupos o equipos de trabajo y así conseguir trabajos más completos, beneficiando a la comunidad o a los grupos de personas para los que se está realizando determinada tarea.

Se ha pretendido enseñarnos a trabajar en equipo desde la educación preescolar, digo pretender, porque es un proceso complejo en sí mismo, fácil de corromperse. Pero en la vida cotidiana, ¿realmente sabemos trabajar en equipo? Si partimos de la idea de que la educación que ha formado a las personas de las últimas décadas se ha centrado en el desarrollo de competencias, podemos incidir desde ya que se trata de un intento por conseguir los mejores resultados individuales, es decir, utilizando la competencia para impulsar el mejoramiento personal de ciertos individuos. Si bien el término competencia hace alusión al hecho de ser competente y no a la competencia per se, es decir, uno a uno como pudiera parecer, el sentido sigue siendo el mismo. Entendiendo que una vez que usted termine su educación, hasta donde guste hacerlo, ha de encararse con el mundo laboral, en donde la competencia se torna ligeramente más hostil.

Este ámbito humano que consumirá la mayor parte de su vida está lleno de la competencia de persona a persona, que bien puede dejar como resultado el desarrollo de habilidades, la adquisición de conocimientos y la modificación de actitudes. Lo anterior es una definición muy concreta de lo que implica la competencia.

Los empleadores van a ofrecer diversos puestos y los van a cubrir en función de hacer competir a los candidatos para conocer quién ofrece más, o, en otros términos, quién es más apto. Aunque, si desde la integración del equipo de trabajo precede el sentimiento de competitividad hostil y excluyente, va a ser complicado cambiar la percepción sobre la otredad al momento de unir a varias personas una vez que ya estén contratadas. Por lo tanto, no puede esperarse que desarrollen un proyecto de manera efectiva.

La diversidad, en ese sentido, abona al desarrollo del equipo. Pese a que pudiera parecer que habría problemas al contemplar a personas de diferentes contextos, diferentes procedencias o con cualquier diferencia, pero con un objetivo en común, la realidad es que a través de una selección de personas de ese tipo llega a los equipos la complementariedad.

Es necesario señalar que se requiere una correcta metodología para consolidar equipos que se desarrollen plenamente. Mientras que en situaciones con fines delicados es mejor acudir a un profesional en la administración de capital humano, en un grupo o equipo más informal una persona con rasgos de líder, sin problemas puede formular un grupo y esperar que funcione de manera adecuada. Un ejemplo de equipo no tan formal puede ser el grupo de lectura de una persona.

Voy a compartir con usted una técnica para el trabajo en equipo, desde mi área de profesión, la educación. Esta técnica se llama trabajo colaborativo y es una alternativa al trabajo en equipo tradicional. A diferencia de la forma de trabajo convencional en donde los miembros hacen o ejecutan tareas similares todos por igual, diferenciadas únicamente en función de la jerarquía, en el trabajo colaborativo existe un proceso más complejo.

Inicialmente hay que establecer roles y distribuirlos entre los miembros del equipo según las capacidades y las destrezas de cada uno. Lo anterior con el objetivo de aprovechar al máximo el potencial de cada persona, pero sin anular las debilidades o las áreas de oportunidad de las personas, estas pasan a segundo plano, dando pie a que sean las fortalezas las áreas que emergen de las personas que forman al equipo de trabajo.

Además de establecer los roles, es necesario que las tareas que se realizan sean en función de la naturaleza del rol asignado, si el rol que le tocó es el de investigador, tiene que realizar tareas que coincidan plenamente con lo que implica esa área. Por lo tanto, es necesario que haya responsabilidad de parte de los miembros porque en ocasiones las tareas son de tipo fin-inicio, es decir, que requieren que terminen las actividades de la otra persona para poder iniciar con las suyas.

Al realizar actividades con esta técnica se espera lograr un mayor sentido de pertenencia sobre lo que se va a realizar, partiendo de la noción de que los miembros saben la preponderancia de su papel dentro del grupo, no harán un mal trabajo si saben que el resto depende de él o ella.

Finalmente, queda en cuestión para qué han de funcionar los equipos de trabajo o cuál es el objetivo del trabajo colaborativo. Debe de meditarse si lo que hace cada equipo de trabajo cumple con la filosofía del grupo en general, ya sea que esta esté establecida explícita o implícitamente. Lo antes mencionado se logra atendiendo aspectos como: la responsabilidad en torno al medio ambiente; si con las actividades que realiza dentro de su grupo afecta a otras personas, o por el contrario, si puede conseguir ayudar a alguien directa o indirectamente al ejecutar las actividades que realiza en su equipo de trabajo; entre otros. En resumen, es necesario que se consideren los elementos que guían a la madurez cognitiva y emocional en los grupos humanos a los que pertenece, preguntándose, qué implica eso en usted. Es por eso por lo que la parte siguiente de la presente obra tiene que ver con el análisis de los saberes cognitivos y emocionales en lo individual.

Capítulo 8: Madurez cognitiva y emocional

"Al final, la madurez mental es la que deja salir lo mejor de ti."

-Lindsey Ivonn

"Creo que la madurez real, que la mayoría de nosotros nunca alcanza, es cuando te das cuenta de que no eres el centro del universo."

-Katherine Paterson

Colectivamente se asocia a la madurez con una edad avanzada, pero basta con meditarlo un poco para entender que lo único que otorga el paso de los años es la madurez biológica, la de todo el cuerpo en general. La madurez cognitiva o mental y emocional viene invariablemente de la mano del bagaje de experiencias de las personas, aquel catálogo de vivencias que se mantiene día con día en expansión. Hay que mencionar en este punto que a pesar de que todos los seres humanos tenemos vivencias más o menos similares hay un elemento que permite diferenciar a las personas por la manera en que toman los acontecimientos: considerar toda la perspectiva.

No es tan común que una persona experimente situaciones extravagantes e intensas todo el tiempo. Incluso las personas que tienen una vida llena de adrenalina tienen que parar en algún punto y vivir en la cotidianidad. Para ilustrarlo, aquellos que tienen un trabajo de alto riesgo, que viven situaciones que los ponen a prueba, como: un militar, un detective, un policía, etc. La diferencia radica no en la magnitud de las experiencias vividas sino en qué se rescata de esas situaciones.

Para demostrar lo anterior pondré un pequeño ejercicio, la próxima vez que usted salga a la calle, no importa cuándo, a qué hora o a dónde se dirija, simplemente observe todo lo que está a su alrededor. Observe a las personas que viven cerca de usted, qué hacen en el momento en el que sale, qué animales hay cerca de su casa, qué temperatura hay afuera, cómo lo voltean a ver las personas cuando pasas al lado de ellas y todos los elementos que pudiera observar, lo que generalmente tiende a ignorar (que no es del todo malo porque de lo contrario nos saturaríamos de información con rapidez) y que es sumamente estimulante comparado con actuar maquinalmente.

Para adquirir una madurez cognitiva y emocional es necesario *observar* las situaciones que pasamos, incluso las simples, considerando toda la perspectiva, de modo holístico, es decir, considerando todos los elementos que pueden estar implícitos. Quizás una manera de conseguirlo es a través de hacer trascender aspectos como la empatía, en la que no solo se debe considerar el actuar de los demás sino lo que ha encaminado a la persona para actuar de esa forma.

En la película Güeros dirigida por Ruizpalacios (2014) se escucha al protagonista hablar sobre tener un cuestionamiento holístico e integral en la vida. Se puede escuchar lo siguiente:

"Mi papá decía que, si el mundo era una estación de trenes y la gente los pasajeros, los poetas no son lo que van y vienen, sino los que se quedan en la estación viendo los trenes partir."

Lo que se rescata de ese monólogo es la importancia de ver aquellos elementos que conforman al todo, en términos de practicidad tal vez no parezca lo más adecuado, pero es una manera de comprender la realidad. Considerar todas las aristas de la vida en sociedad nos acerca al crecimiento personal, nos lleva a la maduración cognitiva y emocional, a la última etapa del desarrollo moral que en algún momento desarrollaron Piaget y Kohlberg.

Tal etapa, en resumen, habla sobre la capacidad de una persona de actuar independientemente de los castigos, los intereses personales, la aceptación social, el temor a las autoridades o los contratos sociales, es decir, enfocándose en los valores y virtudes universales. Cuando se tiene un nivel de consciencia como ese, no solo se colinda a la empatía con un sentimiento de misericordia y una lastimosa aceptación de la condición de los otros, como suele creerse que funciona. En este sentido, la comprensión del actuar de las personas no se limita a ciertas aristas o condiciones preestablecidas y socialmente aceptadas.

El ser consciente y maduro cognitiva y emocionalmente lleva a otro nivel su comprensión de las relaciones sociales, sin embargo, no debe ponerse en un pedestal a la idea de alcanzar dicha condición en uno mismo. No se debe considerar como un estado mental que solo personas como los monjes en el Tíbet van a conseguir. Se puede lograr independientemente de muchos elementos. Si bien es cierto, la meditación constante es una vía para llegar a ello, no es el único elemento imprescindible. No hay una fórmula predilecta para alcanzar una madurez cognitiva o emocional, hay ciertas constantes, como la meditación, pero no hay un método infalible.

En un aspecto de la vida tan importante como lo son las relaciones sociales, aplicar los principios de consumo inteligente, ya mencionados en previos capítulos, hará que nuestras relaciones sean sanas y significativas. Es desde luego un proceso de selectividad, complejo hasta cierto punto, pero muy necesario. Sencillamente detenerse a analizar superficial y después introspectivamente a las relaciones y nuestro motivo de ellas crea una notoria diferencia.

Es bueno recordar en este punto que no hay que dejarse llevar por los estatutos socialmente estipulados en donde más es mejor. Quizás tratándose solo de un amigo o amiga, pero con el que se tenga más afinidad haya más eficiencia de relación, en vez de decenas de ellos con los que las relaciones no aporten nada o sean carentes de conexión real y el único motivo de su existencia sea el temor a la solitud. Es necesario recordar que cuando hablamos de relaciones nos referimos a aquellas personas con las que colindamos frecuentemente y no a las personas con las que nos relacionamos ocasionalmente, por mencionar algunas, la señora de la panadería, el vecino amable, mi compañero de trabajo, etc.

Al analizar las relaciones podemos comprender la aportación implícita al compartir con cierto tipo de personas, por ejemplo, si se relaciona con personas altamente humanitarias, la tendencia será ser personas muy humanas, incluso de manera primitiva se copian comportamientos para ser socialmente aceptados, de ahí la importancia de evaluar constantemente nuestras relaciones.

El ideal es vivir rodeados de personas que depositen dosis de crecimiento (laboral, emocional, espiritual, etc.) al carácter o personalidad, a veces se da incluso de manera subconsciente esa aportación. El hecho de ver, escuchar o vivir determinada acción al lado de otra persona crea un vínculo, dando pie a la predisposición para reproducir dicha acción o evento particular, pero en la vida de la persona que actuaba pasivamente, como lo es la niña que ve a sus padres tratar bien a otros y ella decide hacer lo mismo con sus juguetes.

De ahí la importancia de analizar con quienes se relaciona, entendiendo que, de no encontrar afinidad o alguna aportación con ciertas personas, habría que cortar relaciones, por más frío o apático que parezca, es más sano para el bienestar emocional. Alejarse de las personas que no aportan, o, peor aún, que restan a la calidad de vida es un proceso de crecimiento y superación necesario. Eso nos lleva directamente a entender que somos seres cambiantes por lo que también es válido alejarse de las personas que en algún momento se consideró que aportaban en algún sentido. En el proceso de crecimiento, y debido a nuestra condición de seres sociales, hemos de estar atados a relacionarnos con personas de cualquier índole, la búsqueda de afinidad es la clave para conseguir relaciones sanas y significativas.

Considero necesario señalar que cuando se habla sobre afinidad no me refiero a coincidir en todos los aspectos y que si se tienen diferentes gustos a los de otra persona ya no deberían compartir más, desde luego que no. La afinidad es el proceso de revelación en el que rozan similitudes dejándonos como resultado a un listado de personas que tienen la capacidad de compartir con nosotros habiendo aspectos comunes de por medio, desde gustos particulares, como un género musical, hobbies, formación, etc., hasta metas, objetivos y planes de vida similares. Esto evidentemente no nos aleja de ser humanos. Al fin y al cabo, con gustos similares o idiosincrasias completamente ajenas podemos compartir de manera superficial.

Como se mencionaba anteriormente, no se puede tener una relación significativa con cada persona que conozcamos en la vida, es parte de tener una madurez cognitiva y emocional desarrollada. Una persona así eventualmente colapsaría por el desgaste emocional, en el sentido de que compartir con otros seres humanos es un proceso de entradas y salidas de información bastante abrumador cuando se traslada a una dimensión emocional.

Ahora bien, entender la madurez cognitiva y emocional nos lleva al concepto de felicidad. En corrientes filosóficas como el eudemonismo o el hedonismo se habla de la felicidad como el fin último en las aspiraciones humanas, pero es más complejo que tener momentos de felicidad o episódicas situaciones que te hagan sentir feliz. Se trata de un concepto naturalmente complejo, es decir, por su naturaleza introspectiva que nos propone hablar con nosotros mismos, contemplando las distintas dimensiones y entendiendo cuál es la constante en todo ello. Somos seres cambiantes por lo que el concepto de felicidad será transponible de igual forma.

Felicidad es y no es despojarse de todos los bienes materiales y vivir solo con lo necesario... ¿Por qué es? No todas las personas están en condición de dejar todo e irse a vivir de tajo sin nada más que lo necesario, los cambios radicales tienden a ser poco duraderos y estables. Para aquellas personas que sus ocupaciones les permiten vivir de esa forma y si así lo desean, entonces sí es; ¿Por qué no es? Quienes viven en condiciones especiales, como quien ya es padre o madre y debe cuidar de sus pequeños, quizás requieren funcionar con recursos de los que no se pueden despojar por la naturaleza de sus ocupaciones y su forma de servir al mundo. En esos casos, no es.

La no intervención y la fuerza para ser meros espectadores, como veremos más adelante en el capítulo "La flora y la fauna", es un signo predilecto de maduración. En los momentos en que el ser humano ha perecido a causas naturales, en los que ha perdido por completo el control sobre alguna situación, por ejemplo, en fechas recientes el Coronavirus o la gripe española un siglo atrás o la peste negra algunos siglos antes que eso, son los escenarios perfectos para comprender el rol del ser humano.

Cuando se sobrepasan las capacidades humanas no ha terminado todo, queda la opción de ser resiliente y aprender a espectar los fenómenos. Cuando el cambio está en los actos individualistas la participación se vuelve un requisito. Mientras ya no haya motivos para actuar, la resiliencia, la comprensión de los fenómenos y las aseveraciones realistas a lo que está por venir es lo único realizable.

Directrices

Considero este el momento indicado para cuestionarse ¿cuáles son los elementos que rigen la vida de un ser humano? Sabemos que hay directrices infalibles en la vida de cada persona, son sumamente personales y atienden a la filosofía de cada uno, de forma que dependen de la condición actual del ser. Es un evento, por ende, cambiante. Mutan constantemente las directrices a medida que lo hace la persona. Cuando no se siguen esos trazados, la persona ha de sentir que se falla a sí misma, pero es necesario entender que esas directrices ocurren subconscientemente basado en el presente, sustentado por el pasado e impulsado por el futuro.

Para poner un ejemplo de lo anterior hablaré de un filme del siglo pasado. Se trata de una película llamada *Animas Trujano*, con el actor de talla mundial Toshiro Mifune, dirigida por Rodríguez (1961). Para no hacer la sinopsis demasiado extensa, únicamente he de hablar de las aspiraciones, los deseos y las directrices tomadas por nuestro protagonista Animas. Un hombre en sus treintas que tiene el deseo de conseguir el mayor galardonado del pueblo en el que vive en Oaxaca, México.

Dicha persona buscaba ser el "mayordomo" del pueblo, para serlo había que ser pudiente económicamente, o al menos lo suficiente para solventar los gastos del evento magno. Cosa que el protagonista no tenía, pero más importante que la capacidad económica era la nobleza de corazón – algo que conforme avanza la cinta, entendemos que tampoco tiene –. Animas es un hombre que tiene tres hijas y dos hijos, aunque uno fallece al comienzo de la película, en parte por los ideales del jefe de familia. Lo cual comienza a trazar la personalidad de este hombre. Como hombre del siglo pasado tiene constructos de índole machista, es golpeador, bebedor, infiel, desapegado emocionalmente de su familia y con el rasgo adicional de ser holgazán.

La idea del director es evidenciar ese perfil risible y lamentable en un hombre, que, cabe destacar, es amado por una mujer sumisa que llegaría incluso a matar por su esposo. Es necesario pensar si el fin justifica el uso deliberado de los medios, pues además de utilizar una cantidad considerable de dinero que con sacrificio habían ganado su mujer y sus hijos e hijas, Animas utiliza nutritivos espirituales y religiosos yendo de extremo a extremo.

Intenta con amuletos del cristianismo, amuletos y procedimientos espiritistas, rituales de índole satanista y hasta ideales mágicos de otro tipo. Todo con el objetivo de conseguir el título de mayordomo. Él quería ser respetado y ser el centro de atención, pero en todo momento ignoró la directriz fundamental y la más importante: su familia.

De ser regido por el elemento ya señalado tal vez su trayectoria hubiera sido más placentera, ralentizada, pero hubiera llegado hasta ahí, si es que en verdad deseaba serlo y creciendo en conjunto con su familia. De esa forma se abarca tanto la capacidad económica como la nobleza de corazón infundada por el amor y el respeto en su familia.

Traigo a colación lo anterior porque es de fundamente cuestionarse cuáles son las directrices en la vida de quién lee esto. No es imposible cambiar los subelementos en las directrices, pero puede llegar a ser complicado. Pongamos el ejemplo de que usted es un padre o madre de familia, en ese caso va a ser difícil hacer a un lado a sus hijos o a su familia en general con el fin de cambiar sus directrices, tanto como lo sería para el dueño de una empresa olvidarse de ella, en especial si es de él o ella de quien dependen los procesos ejecutivos.

Si una de las directrices en la vida de una persona es un empleo que no le convence, pero por determinada razón no puede dejarlo y para conseguir un puesto distinto debe capacitarse y aumentar sus saberes, puede reestructurar los subelementos de esa directriz sin cambiarla por completo. No tiene que dejar el empleo, pero si puede abandonar su puesto.

Por ejemplo, si se rehusaba a tomar cursos de capacitación o a actualizar sus conocimientos porque son sin sueldo, pero eso le conducirá a un puesto distinto, tal vez la mejor solución es administrar el tiempo, tomar los cursos e infundir el sentimiento de superación como noción esperanzadora. Eso indudablemente introduce la acción como salida ante el estancamiento. El ejemplo antes mencionado es solo una de las maneras de llegar ahí. Habrá a quién le funcione lo opuesto a esa situación, es un proceso muy personal.

La seguridad antepuesta a los escenarios idílicos

La persecución de lo correcto estipulado por las directrices implica en diversos escenarios enfrentarse a sistemas u organizaciones sólidos, ya sea porque estos no están cumpliendo lo que deberían o porque están afectando de alguna manera a ciertas personas. Pero es pertinente analizar hasta qué punto no se compromete la integridad y el bienestar, tanto el propio como el de la familia. Ya sea que se amenace directamente a los individuos o bien que haya un intento por desestructurar esa búsqueda por lo ideal.

A modo indicativo, se podría hablar de movimientos humanos, como las protestas que ocurren sobre la violación de los derechos de las mujeres. En estas se cuestiona a las mujeres por situaciones o momentos que ponen en tela de juicio la culpabilidad de la víctima en el caso de una agresión. Utilizo para ilustrar un movimiento como el feminismo, debido a que ha cobrado fuerza en las últimas décadas y está bajo la lupa de grupos opositores al movimiento.

A pesar de estar de acuerdo con la igualdad y la equidad en razón de género, he de remitirme a no comentar más allá de lo que me compete como hombre, por lo que únicamente pienso actuar desde mi posición, en el intento de sumar a la causa.

Desde luego no se trata del único movimiento, pero es uno que crea momentos de interseccionalidad por lo que es importante focalizar esta lucha. Este breve análisis lo hago con el fin de presentar una alternativa a los ataques irreversibles que puedan ocurrir a cualquiera, sin la intención de parecer irrespetuoso ante las luchas. El argumento que quiero rescatar de todo lo que menciono anteriormente es el hecho de anteponer el bienestar personal a la noción esperanzadora de escenarios perfectos en los que el mundo funciona como debería hacerlo, en especial cuando estos amagan con dañar el bienestar de las personas.

Pongamos otro ejemplo, uno en donde se amenace la integridad de una o varias personas. Imagine que usted es de procedencia indígena, quechua para ser específico, ha crecido en determinada localidad peruana y toda su vida ha vivido en paz. Satisface sus necesidades sin molestar a nadie, cumple con sus obligaciones y realiza sus aportaciones sociales, pero un día, sin más, por constituciones políticas quieren desplazarlo o desplazarla forzadamente a un sitio distinto, en donde no siente conexión (y con justa razón).

Ante los lineamientos de justicia no política, eso es una atrocidad, un sinsentido, cayendo casi en ser un acto risible, pero al utilizar la justicia política como coartada, con sólidas hojas de papel que validan legalmente ante los ojos del Estado esos actos de desplazamiento, no le queda de otra más que acceder. De forma que legalmente tiene que moverse y dejar atrás eso que con trabajo había construido y si se niega, el Estado tiene la forma perfecta de hacer que desista: la persecución y el castigo.

Usted, que no está solo, pues tiene una familia, tiene pequeños y pequeñas en casa, decide protestar ante las injusticias. La impotencia y la sensación de cólera son casi tangibles en el ambiente, pero las protestas, pese al ímpetu de la comunidad, solo empeoran las cosas. Aquí insto a contemplar un par de las alternativas.

La primera tiene que ver con la esperanza de que cambie el sistema que ejecuta tan desagradables acciones, pues usted ha externado sus inconformidades, lo lógico es que cambie la situación. Así que va a desistir de cambiar de residencia por los deseos de grupos con intereses personales como elemento de régimen. Al esperanzarse a lo idílico deja de lado pequeños actos que puedan desembocar en desgracias para usted y su familia. No es una novedad la barbarie de eventos a los que las autoridades latinoamericanas están dispuestas a recurrir con el objetivo de lograr lo que quieren.

La segunda alternativa tiene que ver con el cumplimiento de las normatividades del Estado, aun cuando claramente son injusticias pues desfavorecen a un grupo y favorecen a otro, pero gracias a alguna coartada, se vuelve válido. Desde esta alternativa, usted abandona su hogar y se muda al nuevo, pero puede continuar su lucha. Ha sido relegado o relegada de su posición de comodidad, pero no han ultimado sus motivaciones, de forma que, a través de la acción usted puede seguir consiguiendo resultados, al mismo tiempo que preserva su bienestar individual.

Desde una esfera distinta se puede continuar con los esfuerzos por alcanzar la justicia, o bueno, lo que usted considere justo, pues sabemos la facilidad con la que se pisotean los derechos humanos. Ir un paso más allá, sugiere un nivel alto de conciencia, pues ceder en función de algo superior (uno de los argumentos del Balance en la condición humana) ha de servir para aumentar la seguridad en la persona y su familia. La fortaleza en el ser, por lo tanto, ha de determinar si decide que eventos como ese doblegan la intensidad de su lucha o fortalecen los motivos por los que se hace.

El sentido común, entonces, va a detener a los infractores de resquebrajar la solidez en la voluntad de los infraccionados. Hay que evitar que se anulen los esfuerzos al ultimar a la persona, han de ser más útiles sus convicciones desde la posibilidad de actuar, es decir, estando vivo o viva, por pequeñas que sean las acciones iniciales.

La fuerza de los movimientos sociales se haya en la posibilidad de actuar, de lo contrario, pasa a convertirse en parte de las razones por las que se ha movilizado en primer lugar. Es a través de la unión con otros miembros que persiguen objetivos similares que se fortalece la postura del movimiento.

La búsqueda de transversalidad es el esfuerzo último por engrosar la noción activista, a través de la conjugación de personas con requerimientos y solicitudes similares en algún sentido que complementan posturas que pudieran resultar endebles. La manera de comprender el progreso puede ser por definir objetivos alcanzables y realistas. Una de las maneras de comenzar a actuar puede ser a través del arte y otras formas de expresión.

Cuando los esfuerzos parezcan brutalmente limitados o detenidos y la manera de contragolpear parezca un sueño lejano, aparece el arte. Incluso tratándose de expresiones amateurs, el arte en sus diferentes formatos expone de una manera segura y limpia. Puede evidenciar a través de la lectura, la escritura, la música, la fotografía, el cine, la escultura y la pintura las aberraciones dignas de mofo, por el descaro con el que son cometidas.

Pensemos en una forma primitiva de expresarse artísticamente: la escritura. Se puede escribir sin problemas sobre cualquier situación y como respuesta a innumerables sucesos, pero... ¿Qué es escribir? ¿Podrá ser que escribir meramente consista en el proceso de transcribir símbolos de manera manual en un trozo de papel? Creo que la respuesta es más compleja que eso.

Como el verbo señala, escribir consta de plasmar por algún medio un mensaje, sin importar el destinatario o el motivo de la escritura. Pero en un sentido más amplio, la escritura en desde un espectro literario llega a ser severamente más difícil. Por ejemplo, no hay un tópico que enmarque lo que es escritura y lo que no lo es. No hay bueno y no hay malo, a menos que se observe bajo la lupa dogmática de alguna corriente.

Hablo sobre la escritura porque es la única expresión artística que he practicado. He escrito algunos cuentos que considero válidos por igual a pesar de que son sobre diversos temas, o que han emergido de diversas emociones o situaciones. Inicialmente no me creí capaz de narrar una historia de principio a fin, por pequeña que fuera, me aterraba la idea de escribir historias endebles, pero logré hacer narraciones de principio a fin, con tramas sólidas, al ser primerizo eso lo considero un logro enorme.

La escritura eventualmente se convirtió en una manera de expresar mi sentir. Y aunque escribo cuentos de ficción, cada obra está dotada de mis ideologías, de lo que me aqueja y aflige, de lo que me hace sentir feliz, de lo que anhelo, de lo que me gustaría presenciar o vivir, etc. Con esto quiero invitar, a quien se siente maniatado o maniatada ante situaciones indeseables, a expresarse por medio del arte.

Las esperanzas utópicas han de ser útiles como momento de motivación, pero insto plenamente a no confiar en estas ideas y a no vivir a partir de la frágil noción de que los infractores han de ceder ante las solicitudes y los momentos de revelación de quien se ha movilizado.

El sentido común emerge como la herramienta de persuasión, que de cierta forma también preserva la ilusión y el sentimiento de continuidad a los ideales. Finalmente, pido una disculpa si en algún punto hago sonar como que las atrocidades son una mal necesario, son actos reprobables e indeseables por supuesto, pero es evidente que están ahí, el verdadero error, y que me convertiría en un falso, sería ignorar su existencia.

Ser un *cabezón*

Es el momento de hablar sobre la resiliencia, sobre el aferramiento, sobre ser un cabeza dura. Entiendo que rasgos como los ya mencionados pueden catalogarse como nocivos en una obra que pretende analizar incongruencias y elementos superfluos en el ser humano, pero si se hace con el motivo debido ayuda a la persona a crecer. El crecimiento surge al darse cuenta de la importancia que tienen sus aspiraciones, sus intereses y la validez en aquellos elementos que van ad hoc con el individuo.

Quiero mencionar aquí antes que nada que en el instante en que se daña a otra persona todo intento por demostrarse algo a sí mismo o al resto se convierte en un signo de rudeza y descontrol, invalidando todo. Ese es uno de los elementos lamentables a analizar que entran dentro del esquema de comportamientos humanos que no suman al conglomerado de la sociedad.

El sentimiento de ultimar esfuerzos utilizando todos los medios hasta salir avante en determinada empresa que considere propia, en la que se halle su identidad, supone entregar energía que tal vez no sea proporcional al resultado, pero sin duda se equipara a la validez en el hecho mismo (al tratarse de algo tan personal).

Pensemos por un momento en esto, digamos que una empleada de un hospital quisiera correr un proyecto de lectura para los pacientes, a pesar de que sus compañeros le advierten que algo así no funcionaría porque las personas hospitalizadas lo menos que quieren es ser molestadas, ella está dispuesta a correr el riesgo. Considera que los pacientes dentro de su sufrimiento deberían tener un momento de sano entretenimiento así que hace todo lo posible, habla con quien debe de hablar y está dispuesta a proceder pese a la enorme burocracia que debe atravesar para poder llevarlo a cabo.

Tras meses de ímpetu y dedicación plena en su empresa logra ejecutarla con éxito, pero resulta que solo un 37% de los pacientes disfrutaron la lectura, el 63% estaba indispuesto por la delicada situación de salud. Según lo planteado, es posible darse cuenta de que en ocasiones el esfuerzo durante el proceso es desproporcional al resultado obtenido. Hay 3 elementos a considerar en todo esto: la energía humana utilizada, algo tan superfluo como el capital monetario y algo trascendente como actuar pese a la opinión del resto.

Sin embargo, la vehemencia y el ímpetu con el que se lucha hasta alcanzar lo que se desea cobra sentido hasta que se observa al producto terminado. Este proceso podría ser entendido como un fallo transponible, es decir, esta equivocación puede cambiar de posición, aunque su existencia es real y se parte de esta para intentar una y otra vez hasta lograr lo que se busca, aprendiendo en el proceso.

En diversas ocasiones me vi involucrado en escenarios como este, en donde decidía seguir adelante a pesar de que conocía que tentativamente el esfuerzo era desproporcional al éxito posible acarreado por el proyecto en el que me había enredado. El único indicador que me haría desistir ante una situación como esta es el dañar a terceros o atentar contra mi propia integridad.

En el momento en que observase algo así encendería la alarma haciéndome renunciar. Es tiempo de detenerse cuando se arremete contra algo tan valioso como el balance físico, mental y emocional, tanto el personal como el de otros. Pero de no ser por eso no debería detenerse, quien se enfoca en terminar algo por la vía de la terquedad y el forzamiento.

Ahora bien, habría que separar las condiciones que hacen que estas actitudes sean un alimento hiperproteico para el ego que puede derivar en trastornos mentales de la personalidad como el narcisismo, o bien, un referente de lo que puede hacer la persona gracias a sus capacidades humanas.

Los pequeños recordatorios de humildad que se consiguen al fallar en algo deben hacerse virtualmente, es decir, sin haber fallado de tajo, en especial en las personas que tienen estas cualidades impetuosas. Es entender que la única manera de haber conseguido lo que se haya conseguido no fue otra que mediante atravesar de manera sagaz los *microfallos* que se tuvieron a lo largo de todo el proceso de aferramiento.

Hay que entender que todo esto surge directamente de una equivocación inicial y a partir de esto se trabaja incansablemente. Esto nos guía directamente a intentar comprender qué sucede cuando nos detenemos en situaciones que podrían ser distintas al ser un *cabezón* o una *cabezona*.

Para entender lo que ocurre cuando se detiene sin haber hecho todo lo que antes se menciona (sin ser obstinado y aceptando la realidad), es necesario primero comprender que la polarización en estos tópicos no es la llave, es decir, no hay siempre bueno ni siempre malo, en ocasiones se es uno o se es otro. Encaja perfecto el efecto mariposa aquí para explicarlo de mejor manera, según esta teoría cada situación es distinta a otras con resultados impredecibles y finales únicos improbables por discrepancia entre los eventos ocurridos, una cambio por pequeño que sea puede impactar de gran manera en lo que sea que está por venir.

Al detenerse ocurre algo fantástico, algo que aprendí gracias a los videojuegos, en específico gracias a las pantallas de carga que me aparecían después de haber muerto una y otra vez en algún nivel difícil. Tal aprendizaje fue darme cuenta de que una pausa para meditar lo que ha ocurrido y con base en esto jugar de tal o cual manera la próxima vez, me volvía más eficiente.

Esta ventana portentosa es de gran utilidad para analizar la situación, es un espacio de aprendizaje que posiblemente no se da cuando se actúa con terquedad. Otro elemento maravilloso de detenerse es que hay una perspectiva distinta la próxima vez. Tal vez se ha descansado, se ha despejado a la mente o simplemente se ha visto desde otro punto, ya no desde el ofuscamiento que sucede al haber fallado. Son esos principalmente los elementos rescatables que se dan al detenerse cuando se ha fallado.

La idea cumbre con la que se cierra este apartado tiene que ver con la noción de que el ser humano, con todo y sus particularidades, es válido en la medida en que respeta las ideologías y aspiraciones de otros. Todo individuo es especial porque existe en el espacio tiempo, en la realidad humana; porque individualmente se es importante al estar en el aquí y en el ahora; porque ha nacido y no ha sucumbido ante los riesgos que implican estar vivo; porque tiene derechos humanos; porque la probabilidad (o la improbabilidad) de que exista la vida es tan reducida hasta lo que conocemos hoy en día que será necesario respetar y amar a toda forma de vida, y es precisamente esto último lo que da nombre al capítulo siguiente: "No somos tan especiales".

Capítulo 9: No somos tan especiales

"Empecé a pensar en la gente no como en los amos del

espacio y el tiempo sino como en participantes de una gran cadena

cósmica del ser, con un vínculo genético directo tanto a las especies

vivas como a las extintas."

-Neil deGrasse Tyson

Para evitar todo tipo de confusión quiero comenzar el presente capítulo estableciendo que la vida en la tierra, según demuestran los conocimientos de los exponentes e investigadores más importantes de ciencias como la cosmología o la astrobiología, es una evento extraño y poco predecible. Se trata de una probabilidad pequeña, la que ha permitido que usted esté leyendo esta obra, ya sea que se encuentre en el sofá o en el transporte público de camino a su trabajo o prácticamente en cualquier lugar y momento.

Es medible según métricas como la ecuación de Drake, que, en resumen, nos permite delimitar la probabilidad de que en algún lugar del espacio exista vida a base de carbono como la nuestra en la tierra. Para que se dé una idea de lo que nos lleva a comprender teóricamente dicha ecuación, puede pensar en que en nuestra vía láctea y por su procedencia, la madera resulta más rara que los diamantes, es decir, hay más diamantes de lo que puede haber madera, al menos hasta dónde llega nuestra comprensión.

Con lo anterior me veo forzado a decir que la vida en la tierra es un evento hermoso y poco probable, pero nuestra realidad como seres humanos no nos aleja demasiado de aquel ser vivo que consideramos inferior a nosotros, como nuestro perro, gato o cualquier mascota.

Hay que comenzar por establecer qué es lo que nos hace humanos a los seres humanos: carecemos de habilidades innatas para nuestra cotidianidad. Para comenzar, lo que nos vuelve superiores es la carencia de lo que otros animales tienen naturalmente y que les facilita su ciclo de vida. Los animales que se adaptan al cambio modifican dichas habilidades y quienes no se adaptan están destinados a morir.

Es impresionante como en diversas especies de insectos una constante ha sido la habilidad de camuflarse con el entorno. Como muestra de lo anterior existe la mariposa Atlas, una criatura fantástica que tiene en sus alas lo que parecieran ser dos serpientes perfectamente dibujadas, así cuando se acerca a los árboles, los depredadores la evitan por temor a ser comidos por las "serpientes".

Otro ejemplo fantástico de habilidades únicas, aunque ahora saltando a la clase de los anfibios, es el Ajolote, un precioso animal que puede regenerar sus extremidades, sus órganos y hasta su médula espinal. Analizar lo anterior lleva a hacerse cuestionamientos como el siguiente: ¿Somos realmente superiores a otros animales más allá de algunas cuantas habilidades cognitivas? ¿No sería realmente fantástico que un ser humano si pudiera regenerar sus extremidades, órganos o incluso parte de su cerebro?

Al menos a mí nunca me ha ocurrido y lo más probable es que ninguno de los lectores que disfrutan esta obra tampoco haya experimentado algo similar. Incluso si tuviéramos la habilidad de regenerar nuestras extremidades o de volar o de tener una visión como de las águilas, seguiríamos siendo seres térreos destinados a adaptarse o morir.

Parece pertinente en este punto cuestionarse cuál ha sido el rol de otros animales bajo una visión antropocéntrica desde hace miles de años hasta llegar a este punto de la historia humana. Al ser carnívoro, el homo sapiens tuvo que incluir en su dieta el consumo de distintos animales, los que podía cazar. A través de la cacería se veía a los animales no humanos como un recurso para mantenerse con vida.

Es evidente según nuestra experiencia en el día a día que las personas pueden vivir sin consumir ningún producto de origen animal y pasarla bastante bien, en aquel momento, los seres humanos primitivos, no se podían permitir esa libertad. Cualquier recurso era útil para la supervivencia y la preservación de la especie. Hoy en día hemos creado sistemas de reabastecimiento de animales (crueles, pero aparentemente necesarios para no colapsar y permitir que continúe la historia humana) que esclavizan a animales desde su nacimiento hasta su muerte.

Si existiera en las sociedades contemporáneas una visión como la que expresa sobre los rarámuris el investigador Eduardo Rubén Saucedo Sánchez de Tagle, la realidad sería otra. Habla sobre la fauna como la vía que permite conectar con el universo y entender a través de otros animales lo que ocurre en las personas mismas, incluso si se trata de animales que no se parezcan a los humanos. Se puede leer lo siguiente en su artículo:

> Los animales son seres divinos, protagonistas en los mitos de creación. Por medio de ellos, los rarámuris interpelan a sus deidades y logran acceder a regiones del cosmos no humano; la fauna está presente en los rituales y es personificada en la danza por los hombres. Los animales son la "otredad", lo no humano, y al mismo tiempo los seres vivos mediante los cuales la sociedad tarahumara refleja y proyecta de manera más clara su realidad y propia existencia (p. 86).

En el caso de los rarámuri o tarahumaras, es evidente la conexión que hay entre los animales no humanos y los humanos, no obstante, el consumo animal continúa habitando, como se mencionó antes, es prácticamente imposible prescindir de consumir carne en la dieta de toda una comunidad, tal vez ciertos individuos pueden conseguir dejar de consumir carnes, pero lleva cierta preparación. En condiciones normales, es decir, para quien no está dispuesto a ahondar en el veganismo, es necesario incluir en la dieta productos de origen animal.

Algo que quizás ayuda es el simple hecho de que se asigne un valor a la vida de los animales, esto dejará como resultado mejores condiciones de vida para estos. Piense que una persona de esta comunidad que tiene respeto por la vida de los animales no matará más animales de los necesarios para mantenerle con vida. Mientras que quién vive en un ambiente rural llegará a la sección de congelados y tomará cuanto se le antoje porque no conoce (o ignora, que es peor) lo que hay detrás.

Pasarán decenas o tal vez cientos de años hasta que podamos prescindir, por lo menos parcialmente, del consumo de los animales no humanos como parte de nuestra dieta. Es muy probable que no se dejen de consumir completamente, se sabe que hay individuos egoístas que en todo momento encontrarán la forma de disrumpir en la armonía humana por mero capricho.

Parece ser que el problema actual tiene sus orígenes en demeritar la vida animal no humana, nuevamente ocasionada por la dupla concretada entre el consumo masificado no inteligente y el pobre respeto que se tiene sobre la vida de otros animales (visión antropocéntrica generalizada).

Las personas del mañana tendrán una gran responsabilidad sobre sus hombros. Lo que en paleoantropología se ha establecido como homo sapiens sapiens, es decir, los seres humanos contemporáneos y posiblemente del mañana, pasarán por numerosos cambios. Tal como ocurre en economía, pensar en aquello que sucederá en algunos años forma parte del proceso para aminorar el impacto de posibles amenazas y prepararse en medida de lo posible. Es emocionante ponerse a pensar cuáles serán esos cambios. Invito al lector a echar a volar la imaginación conmigo, debido a que más allá de eso no hay forma de aseverar el rumbo de la humanidad.

El primer aspecto en nuestro ejercicio sobre la comprensión de nuestros descendientes es entender que incluso si nuestra inconsciencia nos lleva a perecer, el planeta va a continuar viviendo. La flora y la fauna que deba adaptarse ha de mutar, o bien dará paso al florecimiento y pleno desarrollo de otras especies que en *condiciones normales* (estableciendo como normalidad la manera en la que vivimos actualmente) no habían podido desarrollarse, establecer colonias suficientemente grandes, etc.

Uno de los momentos previsibles en que no habría forma de salvarse es ante el deceso de nuestro cuerpo celeste predilecto: el sol. Cuando el sol se convierta en una nebulosa planetaria no habrá nada qué hacer para las especies que existan (si es que lo hacen a esas alturas) sobre la faz de la tierra. Entonces parece pertinente cuestionarse si acaso el ser humano puede salvarse y salvar al resto de los seres vivos de una muerte inminente, en una especie de arca de Noé cósmica e intergaláctica (posiblemente Inter dimensional) o está destinado a morir independientemente de los esfuerzos.

Hablamos de que al igual de las aseveraciones que se hacen sobre la permanencia de la vida en la tierra o la tierra tal cual, si cualquier forma de vida muriera (incluida la humana), el universo seguirá existiendo aun cuando nuestro sol haya perecido y con ello nuestro sistema solar.

Uno de los elementos a considerar cuando se piense en los humanos del mañana es el hecho de considerar que el futuro del ser humano tal vez no está en este planeta, siendo extremista, tal vez ni siquiera en esta galaxia. Ante expectativas tan altas nuestro desarrollo tecnológico y aeroespacial actual resulta risible, evidentemente, pero por algo hay que comenzar. Los cosmólogos, los astrónomos, los astrobiólogos y en general cualquier científico que se desempeñe en alguna de las diversas ramas referentes al estudio de los planetas, las galaxias y en general el universo, se han encargado, en las últimas décadas, de estudiar rítmicamente y compartir sus progresos con el mundo, sobre los candidatos a albergar vida humana en un futuro.

Se trata de planetas o lunas que reúnan las condiciones necesarias para permitir que los seres humanos, y posiblemente cualquier otro ser, vivan una vida plena en el cuerpo celeste candidato. Sabemos desde la educación básica de las condiciones mínimas para que se de la vida, al menos la vida como la conocemos, se requiere de algunos elementos químicos (Carbono, Azufre, Fósforo, Nitrógeno, Oxígeno, entre otros), también se requiere de una temperatura adecuada (aunque incluso aquí en la tierra sabemos de la existencia de seres extremófilos, es decir, capaces de vivir en condiciones extremas, entre ellas la temperatura) y, finalmente, se requiere de la sustentabilidad alimentaria y la presencia de agua líquida, en el sentido de permitir sembrar y cosechar productos para que después puedan ser transformados como alimento. De manera que, para considerar candidato a un planeta, exoplaneta, luna o cualquier cuerpo celeste debe de cumplir con los elementos ya mencionados.

Otro aspecto importante, que tal vez no se nos enseña en educación básica, al pensar en un candidato para ver el desarrollo de la vida humana es la zona de habitabilidad, es decir, la condición que tiene un planeta de albergar vida en relación con la estrella que orbita. La zona habitable depende de factores como la radiación que emite la estrella del planeta y otras fuentes de radiación que puedan llegar al planeta, la distancia que hay entre la estrella y el planeta, la presión atmosférica, los movimientos de rotación, etc. Ahora, pensemos en un candidato a albergar la vida humana: Teegarden b de la Estrella de Teegarden. Se trata de un exoplaneta descubierto en 2019 alejado de la tierra unos 12 años luz (Teegarden's Star b., s. f.). El planeta parece cumplir con aspectos como la temperatura, la zona de habitabilidad (debido a que se encuentra a 0.0252 UA de su estrella), la condición de planeta rocoso y con un radio y una masa muy similares a los de la tierra.

Hablamos de 12 años luz (le pido al lector en este momento recuerde que un año luz es una unidad de distancia y no de tiempo) o unos 3.7 pársecs. Una distancia sumamente lejana para domar, con el poderío tecnológico y aeroespacial humano actual. Al momento de escribir este libro (con mucho entusiasmo, por cierto), la velocidad más alta alcanzada por un vehículo fabricado por humanos es de

393.044 km/h, la consiguió la sonda Parker de la NASA al acercarse al Sol. Aproximadamente un 0.0364% la velocidad de la luz. Ni siquiera el 1%.

Piense que, si de alguna forma lográsemos viajar al 90% de la velocidad de la luz, nos tomaría poco menos de 5 años llegar hasta Teegarden b, de forma que las velocidades de nuestras naves tripuladas tomarían tiempos demenciales para trasladarse a ese punto. Como Teegarden b hay otros candidatos descubiertos, más los que faltan por descubrir, que se encuentran a distancias muy lejanas de la tierra.

Independientemente de lo que ocurra con el curso de la humanidad es un buen ejercicio de introspección y análisis entender hacia dónde migra la condición humana. ¿Es acaso que aquello que nos vuelve humanos es debido a nuestra existencia en la tierra? ¿Todos los rasgos adversos, tanto como los favorables han de viajar con los seres humanos al lugar al que nuestra tecnología nos permita llegar? Sí, hipotéticamente, el humano dejara la tierra para explorar nuevos horizontes entonces, ¿podríamos esperar una nueva forma de actuar de esos seres humanos no terrestres? ¿Es que acaso nuestra condición se debe enteramente al hecho de vivir en la tierra con todo y las *limitaciones* de nuestros recursos, en contacto constante con otros animales?

Si se trata de eso, la manera de conseguir un comportamiento humano modélico está frente a nuestros ojos. Si la respuesta es negativa entonces la condición humana ha de acompañarnos al lugar al que fuéremos y evolucionaría a medida que nosotros lo hagamos, pero sin conexión directa con el entorno. Es sumamente importante cuestionarse sobre el comportamiento humano en los seres del mañana debido a que somos el precedente de ello, en especial poner en tela de juicio aquellas ideologías basadas e inspiradas en nociones despectivas y discriminatorias, con un origen evidente en la inmadurez cognitivo-emocional.

Eso ha de guiar el curso de la humanidad a saber qué se quiere compartir a las próximas generaciones o qué se quiere erradicar. Como podemos darnos cuenta, se trata de elementos complejos que forman el fenómeno humano, los atisbos no harán otra cosa que permitirnos imaginar a los seres humanos del futuro. En ese sentido, la oportunidad de redimirse se ha presentado ante los humanos, incluso al momento de leer esto tiene la oportunidad de hacerlo. Pues creer que en algún punto usted estará cerca de alcanzar o alcanzará la perfección es una equivocación por sí sola.

¿Por qué no buscar la perfección? En los ambientes laborales la búsqueda de la perfección se acerca antes al fracaso que al éxito pleno. En el ámbito académico sucede algo similar. Cuando se ha establecido la perfección como el momento último del proceso educativo ha conseguido peores resultados que si se establecen metas específicas y realizables, incluso si no son tan ambiciosas como la perfección misma. De esa forma se consiguen logros alcanzables, medibles y en un tiempo establecido.

Así que, si usted establece metas pequeñas en función de algo más grande, por ejemplo, si se propone estudiar para un examen parcial de la licenciatura sobre la imponente idea de realizar un doctorado antes de los 30, posiblemente alcanzará mejores resultados. Al despojarse de la carga social que insta a ser perfecto o perfecta, el panorama cambia. Los triunfos por pequeños que parezcan suman a nuestra propia concepción del yo. En vez de enfocarse en lo que no es, indudablemente, hay que tomar impulso de lo que sí es. Explotar aquellas áreas en las que es habido y subyugar las áreas en las que tiene dificultades. Esto como un comienzo, desde luego.

La propia construcción del ser ha de enfatizar en las áreas en las que es hábil, pero requiere de una atención especial para no influir negativamente en eso que mejor sabe hacer. La manera de entender cuáles son esas áreas, que cambian constantemente, dicho sea de paso, es a través del pleno entendimiento del yo, utilizando técnicas de autoconocimiento.

Hay diversas técnicas que puedan ser de utilidad. He de compartir aquí algo que aprendí en la carrera y me ha sido de utilidad, espero que para quien lee esto también lo sea. La técnica no tiene nombre como tal así que le asignaremos uno, se llamará *El ser como árbol de otoño*.

Se comienza por imaginar un árbol, un árbol tiene raíces que permiten, entre otras cosas darle seguridad, fijar su posición, nutrir, distribuir el agua, etc. Además de las raíces, el árbol, tiene un tronco que estructura todas sus partes, conecta su raíz y las hojas, convirtiéndose en un ente unitario. Por último, tiene las hojas, que son estacionarias, aparecen, crecen y después caen.

El ejercicio de autoconocimiento consiste en concebirnos como este árbol en el que usted pensó. Sus fortalezas son el equivalente a las raíces, se han mantenido con usted desde que tiene memoria y han cambiado o se han modificado, pero siempre las ha tenido y hasta el final de su existencia estarán con usted acompañándole. Su cuerpo representa el tronco, es decir, la solidez física de su persona. La conexión primordial con el mundo.

Y, por último, las áreas de oportunidad que serían las hojas, son relevantes para distintos procesos, aunque se alejan de la estructura esencial de la persona. Tratándose de algo que puede modificarse con la disposición necesaria, podemos decir que se trata de algo provisional, como las hojas de un árbol.

Imagínese a usted como ese árbol. ¿Cuáles serían sus raíces? (¿cuáles son sus fortalezas?), ¿en qué condición está su tronco metafórico? (¿en qué condición está su cuerpo?) y, por último, ¿cuáles son sus componentes estacionarios? (¿cuáles son sus áreas de oportunidad?).

La importancia que debe dársele a estos aspectos en la vida de cada uno depende enteramente de procesos intrínsecos, que bien puede ser apoyado por profesionales desde una perspectiva de asesoramiento, en donde el terapeuta guía este proceso hacia el autoconocimiento, pero es usted quién decide de último momento qué es importante y qué no lo es. La invalidación y el no seguimiento de las nociones reales y personales conducen a la infelicidad y a la frustración.

La búsqueda de la perfección como motivación sobre el actuar guía a la persona a conseguir peores resultados que si se dibuja como individuo perpetuamente imperfecto que ha de irse construyendo y nunca terminará de aprender. Paradójicamente, se acerca más de esta forma a esa noción de persona perfecta, multifacética, capaz de ejecutar varias tareas al mismo tiempo, políglota, sumamente eficiente, etc.

Lo anterior es una visión social abonada por sistemas occidentales, capitalistas, que crean conexiones virtuales entre momentos como la perfección hecha persona y el éxito como elemento que emerge resultante de comportarse así. Pero es posible vivir con una idea menos absolutista, apoyándose de estatutos menores que ofrecen la llave que abre el candado del "éxito", este visto como un momento atemporal y evolutivo en función de la acción.

La expectativa personal debe ser observada desde una perspectiva individualista (en primera persona) y no con referentes colectivos descontextualizados, irreales y faltos de la esencia de la persona. Pues aquello que funciona en algunas personas bajo ciertas condiciones específicas difícilmente va a funcionar para todo el mundo, de ahí que contextualizar las metas sea tan relevante. Incluso entre los miembros de su familia los intereses, las aspiraciones y los deseos son distintos.

Lo socialmente establecido es carente de esencia real, a pesar de que aparentemente hace eco en la persona. Es su trabajo como ser pensante, complejo e imperfecto construir esas metas y despojarse de la perfección como ideología sustancial que rige sus acciones.

Por un lado, el crecimiento de la persona con la mejora continua como aspecto de referencia quizás va a generar mejores resultados, estableciendo expectativas personales que van de menos a más, con calidad de flexible, con ritmos marcados de forma personalizada y sin umbrales de tiempo por cumplir, que claramente se pueden establecer, pero no por instituciones ajenas.

Por otro lado, el crecimiento humano colectivo puede darse de diversas maneras. Una de ellas, de las que han estado con la humanidad desde siempre, tiene que ver con la otredad. Con lo vivo, pero que se manifiesta de diferentes maneras a como lo hace el ser humano, es decir, se habla de la flora y la fauna. Una diversidad avasalladora abraza al ser humano y eso es lo que se trabajará en el próximo capítulo, ver la conexión existente entre los otros animales (los no humanos), la flora y los humanos.

Capítulo 10: La fauna y la flora

"Hasta que uno no ha amado un animal, una parte del
alma sigue sin despertar."

-Anatole France.

Con el tiempo ha devenido en las sociedades la poca consideración hacia las otras especies del reino animalia (animal), el reino plantae (vegetal) o cualquiera de los otros reinos, pero con más consideración sobre el primero. Los seres humanos, a través del discurso de ser cazadores fuimos evolucionando con una noción antropocentrista, es decir, creyendo que todos los animales debían servirnos y estaban en la tierra con el único propósito de mantenernos con vida.

No todas las sociedades o civilizaciones han pensado de esa manera, hay quienes lograron una profunda conexión con los animales hasta darle un profundo sentido a la existencia de estos, enmarcando una formulación teológica a partir de la existencia de los animales, como vimos anteriormente con los tarahumaras. De igual manera, es necesario entender que también individuos que no encajan con el planteamiento colectivo.

Siendo así, en una sociedad en la que no es común el amor hacia otros seres vivos ajenos a los seres humanos habrá personas que amen a los animales y les respeten debidamente, pero también habrá individuos que formen parte de las sociedades que respetan deliberadamente y consideran el bienestar de los demás seres vivos y no se sientan de esa forma, al dañarlos o maltratarlos.

Un mínimo nivel de conciencia sobre nuestra posición en la tierra hace que respetemos y valoremos a las demás especies con las que tenemos el placer de coincidir. Cualquier ser vivo tiene una concepción de la realidad, distinta a la de un ser humano, no peor o mejor, simplemente distinta. Las nociones antropocéntricas de las que se hablaba al comienzo de este capítulo tienen como supuesto que los animales no sienten, pero basta con ver a nuestros compañeros fieles, los perros, para entender que aquellos sentimientos profundos que nosotros los seres humanos experimentamos también los experimentan otros seres vivos.

Ha sido demostrado, a través de numerosos estudios con animales como chimpancés, canes, mininos, cerdos, vacas, entre otros, que no son exclusivos de nosotros los sentimientos como la gratitud, el desánimo, la motivación, el miedo, el desprecio, el amor incondicional, la fidelidad...y podría continuar así hasta cubrir las 270 emociones humanas conocidas hasta este momento.

La huella de carbono, por poner un ejemplo, producida en gran medida por los seres humanos ha causado cambios catastróficos en el hábitat de diversos animales (en este punto considero alarmante tener que hacer énfasis en el hecho de pensar que ese 'hábitat' también es el nuestro). Un preocupante ejemplo es el caso de los osos polares.

Debido a la reducción del tiempo que dura el hielo sólido resulta más complicado conseguir alimento para estos animales, lo cual ha impulsado, entre tantas cosas, a que cometan actos de canibalismo, comiéndose a las crías de otros osos, haciendo que las madres de las crías se enfoquen en protegerlos. Quizás ha sido a causa del ser humano y su consumo desmedido que existe una modificación en la rutina de seres vivos que hasta hace algunos milenios vivían radicalmente distinto, no hablando solo de los osos polares. Basta con ponerse a pensar en las especies que han perecido gracias a la ingesta desmesurada de los homo sapiens a lo largo de la historia.

El rol del ser humano en el medio ambiente y en los diferentes entornos tampoco es el de ser salvador y agente de cambio en la situación de animales que viven en completa armonía, adaptados a su rutina de vida, pero que pasen por algún problema. Tal vez el único caso en el que la intervención es necesaria es el caso de los animales domesticados como los perros y los gatos o cualquier mascota que se haya adaptado al ser humano y de otra forma no pueda sobrevivir. De otra manera no se debería tomar cartas en el asunto. Se habla de que los seres humanos hemos alcanzado un nivel de consciencia que nos da para comprender que los animales no humanos tienen, naturalmente, que vivir según lo han venido haciendo en los últimos años.

La trascendencia como especie tiene por fundamento el habitar en la vida de distintas especies como meros espectadores, es decir, sin ninguna clase de intervención. La interacción masificada de humanos con animales no humanos es antinatural. Se trata de la violación a la condición de pureza y libertad en el ser de cada animal.

Evidentemente fue eso lo que hizo que los seres humanos sean lo que son hoy en día, para bien o para mal. Imagine que para el tiempo que los mamíferos (en específico los homínidos) se desarrollaban, evolucionaban y expandían alrededor del mundo todavía existieran dinosaurios, pero que además estos hubieran interactuado con el medio. Hubieran hecho lo que sabían hacer: cazar a especies más pequeñas, en este caso a los homínidos. De ser así, la historia del ser humano hubiese sido completamente distinta. Tal vez el desarrollo pleno, o lo que llevamos hasta este momento, no se hubiera dado nunca. Lo mismo ocurre con cualquier otra especie y nuestra intervención.

Desapego ante lo natural

Uno de los mayores retos que he enfrentado en mi vida ha sido la conexión con la naturaleza. Nací y crecí en una ciudad, que además de ser muy grande, es una de tipo industrial. Y, por si fuera poco, está ubicada en medio del desierto... ya se ve por dónde va mi dificultad, ¿no?

De forma que he aprendido a amar cualquier oportunidad para alejarme de la ciudad, del aire denso y contaminado, los espacios descuidados y que visualmente evocan a no acercarse. En las ciudades de este tipo se puede sentir una especie de constante ira que rodea a los ciudadanos que habitan ahí, asimismo, por alguna razón las personas tienden a enfurecerse con rapidez, a responder de manera hostil y a tener una profunda desconfianza del resto de personas. Eso, en esencia es ser citadino.

Me disculpo ante las personas que no son así, aun viviendo en ciudades grandes y contaminadas, si hago parecer que se trata de una totalidad.

Cuando se visitan espacios verdes, con aire limpio, incluso si no tiene el cuidado que tiene un área protegida, la percepción cambia. Hay una predisposición que ubica espacio temporalmente a las personas en una noción más realista, permite ser selectivo con respecto a aquello que verdaderamente importa sobre lo que no tiene relevancia, de ahí que algunos de los cursos de fortalecimiento personal se realicen alejados de todo y en espacios al natural.

Previamente menciono sin ánimos de ser peyorativo que vivía en el desierto, sin problemas puede traducirse como un espacio al natural, los hay preciosos, pero teniendo en cuenta que no haya contaminación del medio en sí. Por ejemplo, un espacio desértico, pero con un distintivo rocoso en donde no hay contaminación, o la contaminación es menor, se puede tomar como un espacio natural.

Es imposible que toda la población humana viva en una región tropical o en el sitio que usted disfrute más y quizás se pierde gradualmente el impacto que se genera al conocer por primera vez ese otro espacio natural, pero el planeta es tan diverso que difícilmente va a conocer todos los climas, las zonas, los relieves, etc. En México, y en América en general, tenemos la difícil pero afortunada tarea de intentar descubrir todo lo que estos países tiene para ofrecernos en términos de naturaleza, debido a lo diverso que resulta el continente.

Una vez más, la conexión con la naturaleza no implica conocer los cinco continentes o el mayor lugar de sitios posibles, es posible fortalecer ese sentimiento incluso visitando esporádicamente un único espacio al natural. Ahora que si tiene la oportunidad y el deseo genuino de conocer todo el mundo es un plus, tan solo recuerde la razón por la que deben visitarse esos espacios.

Hay una necesidad inmediata en hacer que las nuevas generaciones estén al tanto de lo que implica la vida silvestre. Los matices se han creado a lo largo del tiempo por las mascotas domesticadas, de las cuales son los perros o los gatos las más populares, cierra el panorama del catálogo de seres vivos que merecen, con el mismo derecho, de vivir tranquilamente.

No se trata de salvar a todas las especies, ya que eso también es algo antinatural, más bien es precisamente lo opuesto, es no influir en las condiciones naturales. Tomando como referencia el visitar espacios al natural, pues no hay razón para molestar a las especies que viven tranquilamente, tanto de flora como de fauna.

La conexión con la naturaleza tiene que ver directamente con el respeto hacia la existencia de los seres y la distancia que debe existir con los seres humanos. Se trata entonces de un proceso paradójico en donde incluso el distanciamiento anuncia una mayor conexión con el medio natural, pequeños detalles han de lograr grandes diferencias.

Si se visita un espacio al natural que no tiene restricciones, hay que cumplir con vehemencia las particularidades de limpieza, orden y cuidado cual si fuera su casa. En un sentido romántico, la tierra es más hogar que su propio hogar, en donde no solo habita su familia cercana sino toda su familia, toda su comunidad, toda su especie.

Un aditamento que posee la conexión con la naturaleza, aunque en especial con la visita de espacios limpios, es la oportunidad que existe de meditar. Tiene todas las condiciones para conseguirlo: un espacio amplio, aire fresco, tranquilidad en el ambiente, baja o nula contaminación ambiental, visual y auditiva y la predisposición a acercarse a los aspectos que sugieren la introspección.

No es mi intención importunar las prácticas de meditación al sugerir qué temas son los que debe meditar tan solo me gustaría sugerir, para quien no lo hace, algunas de las nociones a las que más abona la meditación. Estas tienen que ver directamente con aspectos como si se está respetando la esencia de la persona, si está siendo feliz o infeliz con determinada situación o cambio que ha llegado recientemente, establecer las prioridades en la vida de quién medita y el mejoramiento continuo como ruta de escape. Esos solo son algunos de los principales, pero hay muchos más.

Una de las formas de vencer a la monotonía puede ser a través de la conexión con la naturaleza, un ejemplo bastante común es acampar una noche o dos, pues reestructura la concepción sobre las facilidades que se tienen en casa, por ejemplo, la electricidad y la seguridad que aportan las luces, el gas y lo sencillo que vuelve el proceso de cocinar los alimentos, el agua y la facilidad con la que se obtiene y la multiplicidad de sus usos, etc. Pese a la dificultad que pueda generar, el forzarse a realizar estas actividades eleva el nivel de consciencia sobre la condición actual de la persona.

Cierro este capítulo concentrándome en la relevancia de armonizar las distintas dimensiones que existen en la vida de un ser humano, al mismo tiempo, doy paso a una analogía que he formulado, aplicable a distintos escenarios con el fin de preservar los esfuerzos, con el objetivo de potenciar la condición actual de quien desee aplicar esta analogía de vida.

Capítulo 11: Botella de agua

"Menos es más."

-Ludwig Mies van der Rohe

Para expresar la analogía de *la Botella de agua* primero voy a contar el contexto de esta, y el porqué del nombre (que no podría ser más adecuado). Para iniciar debo trasladarnos hasta una austera oficina en una de las mejores zonas de mi ciudad, trabajaba para una empresa auditando los errores que cometían mis colegas en la India. Ahí el sueldo estaba determinado por el número de errores encontrados, es decir, por comisión.

De forma que ganaba más quién encontraba un mayor número de errores y era necesario que la persona tuviera las menores distracciones posibles para conseguir el estándar o incluso más. Ahí, estando yo en la última fila de las computadoras, por ser de los empleados con menor antigüedad, alcanzaba a ver cómo un joven estudiante, unos ocho años mayor que yo, no hacía más que dos pausas en la jornada laboral entera, una era para cepillarse los dientes, o supongo que era para eso porque llevaba su pasta dentífrica y un cepillo de viaje al baño y, la otra pausa era para llenar su botella con agua.

En un intento por persuadirme a trabajar más allá del periodo vacacional que otorgaba la universidad, la persona que me capacitó para el puesto me platicó que había otros estudiantes universitarios que trabajaban ahí tiempo completo, como el joven que se sentaba unas filas delante de mí (señalándome al chico de la botella de agua). Según me dijo la entrenadora, era un estudiante de medicina que salía a tomar sus clases en la universidad justo después de terminar la jornada laboral.

Pese a estudiar, tenía los números más altos en toda la planta, en el turno en el que trabajábamos. Entonces me hizo cuestionarme cuáles serían los beneficios de convertir aquella noción en una ideología. Pensé que, si aplicaba de manera adecuada los principios del chico de la botella de agua, pero no solo al ámbito laboral sino a mi vida en general, me llevaría a conseguir grandes resultados.

Comencé a pensar que, si enfocaba mi energía solo en aquello que en verdad valiera la pena, y con esto no me refiero a tener índices de productividad altísimos, simplemente considerando que incluso los momentos de procrastinación o de ocio per se me aportara cuando menos un poco, en cualquiera de los aspectos de mi vida, me llevaría a conseguir grandes resultados. Y de todo lo anterior nace la analogía de la botella de agua.

Ahora la pregunta que puede trasladar una mera idea a los actos es la siguiente: ¿Cómo aplicar *la botella de agua* a la vida cotidiana? No es una tarea sencilla. Como todo acto que inste a ser crítico y analítico es un proceso que puede tomar bastante tiempo.

La botella de agua se puede aplicar a nuestra vida en cualquier ámbito o aspecto, cualquiera.

Podemos comenzar con algo de lo cual dependemos para mantenernos con vida: comer. Si utilizamos la analogía de la botella de agua para elegir nuestros alimentos, nos daremos cuenta de que además de tener un consumo sano y mesurado, vamos a poder ahorrar algo de dinero. Imagine que va a la tienda y con cada producto que está por comprar se cuestiona: ¿Realmente me sirve?, ¿Qué tanto de este producto necesito realmente?, ¿Tiene algún aporte nutricional para mi cuerpo?, ¿Es que lo consumo por mero capricho? Preguntas de ese tipo.

Usted puede comenzar, incluso si sigue haciendo sus compras habituales, por cuestionarse de los alimentos aspectos como la vida útil, el aporte nutricional, el valor comparado con otros lugares como un mercado o una tienda distinta, etc. Un siguiente paso sería hacer lo mismo pero esta ocasión remplazando algunos artículos de su consumo recurrente por aquellos que ha analizado crítica y objetivamente.

Un tip de gran utilidad puede ser despojarse de las marcas que abundan en el mercado y no hacen otra cosa que aumentar el valor de los productos. Un ejemplo de lo anterior puede ser *Oreo*, si usted mira un artículo que suele consumir y ve una variante, por ejemplo "sabor a Oreo", necesariamente implica que además de que va a pagar por el producto que va a tener el costo del producto va a tener un costo adicional por el sabor extra, es decir, Oreo no vende las galletas, vende la marca.

Ya sea que venga reducido el contenido neto, que haya una modificación en el precio, que sea más difícil de conseguir, etc. En cambio, si busca otro producto similar pero que venga marcado con sabor a "galletas con crema", seguramente va a ser mucho más barato ya que no le están vendiendo la marca adicional y además el sabor va a ser muy parecido, no la fórmula per se, pero si los elementos que promete el empaque. De manera que, ser crítico con los productos que va a añadir a su carrito puede traerle innumerables beneficios.

Ahora pensemos en un ejemplo con un mayor grado de complejidad, siguiendo el hilo del supermercado y los alimentos que ahí consumió. Piense que ya se llega la hora de cenar y aún no sabe qué cocinar. Puede realizar una pequeña triangulación entre lo que su cuerpo necesita, es decir, el valor nutricional de los alimentos que debe consumir, la cantidad de calorías en los alimentos y el tiempo de preparación que va a llevar realizar determinados alimentos. La triangulación es una técnica que sirve para contrastar información que puede proceder de distintas perspectivas creando un punto medio desde el que se pueda tener una noción objetiva y que comprenda varios aspectos de un todo.

Puede comenzar por cuestionarse si la cantidad de alimentos que su cuerpo necesita es la que está por consumir o si está excediendo la cantidad de calorías que su cuerpo puede oxidar con las actividades que realiza. No es recomendable que haga modificaciones en su dieta de un día para otro, de esa manera los cambios no serían duraderos. Debe entender antes que otra cosa la cantidad de alimentos que su cuerpo necesita para funcionar de manera correcta, a menos que exista una anomalía médica, no hay magia o algo similar.

En realidad, cuando se trata de la alimentación es un tema bastante tajante, la cantidad de energía que llega a su cuerpo debe ser justo la cantidad que su cuerpo requiere para las actividades que realiza cotidianamente, todo el excedente se almacenaría en su cuerpo llevándole al sobrepeso. Lo anterior, puede ser apoyado por la ayuda de profesional de la salud, por ejemplo, un nutricionista.

Apoyado por la persona correcta puede entender qué alimentos tienen los aportes nutrimentales que su cuerpo necesita. Si está bajo de vitaminas el médico o el nutricionista le va a recomendar consumir fruta, si está bajo en sus niveles de hierro tal vez le recomienden consumir legumbres, si está bajo de minerales tal vez le sugieren consumir pollo, etc. Las indicaciones van a depender de la salud de cada persona, recuerde que ningún cuerpo es igual, lo que determinará el consumo que debe hacer, para estar en un óptimo estado, es su cuerpo y cómo se siente física y anímicamente realizando un cambio a su dieta.

Es momento de analizar los estímulos aversivos que decidimos cambiar en nuestra vida. Cuando sentimos que algo no va bien, nuestra primera opción es cambiar aquello que no nos está gustando lo suficiente como para no sentirnos cómodos con quién somos en ese momento. Ya sea que el cambio llegue rápido o que hayan pasado años para por fin haberlo hecho, debemos de entender que ese cambio no es perpetuo e inamovible.

Ryan Holliday tiene una fantástica manera de expresarlo: "no barremos solo una vez y ya queda limpio de polvo para el resto de la eternidad". A lo que se refiere es al hecho de tener que ser constantes con los cambios y entender que habrá momentos en los que sigamos sintiendo la necesidad de "barrer" otra vez. Es completamente normal y aliviador, las consideraciones sobre una realidad+ en la que va solo una vez al gimnasio y ya se encuentra ejercitado para toda la vida son irreales y poco duraderas.

La analogía de la botella de agua en este punto está para el auxilio en la toma de decisiones inteligentes y significativas. Inicialmente, entendiendo qué recursos necesitamos verdaderamente y porqué, a pesar de tener la oportunidad y el poder de adquirir más, decidimos voluntariamente no hacerlo. La condición humana, desde nuestros ancestros primitivos siempre se basó en un supuesto de recursos ilimitados *puestos ahí* para su supervivencia y la preservación de la especie.

Hablamos de algunos miles de años atrás, de forma que los supuestos de aquel punto de la historia humana ya no son válidos. Hoy la noción de que tenemos que preservar la especie y tenemos que sobrevivir a como dé lugar está vigente, lo que no está vigente es la idea de que los recursos son ilimitados y están ahí para nosotros en cualquier momento y bajo cualquier condición.

El ser humano contemporáneo ya no dispone de recursos *ilimitados* como pudo haber sido hace algunos miles de años atrás. Y no es que verdaderamente los recursos fueran inagotables, es más bien que los recursos sobrepasaban por mucho las necesidades de nuestros ancestros humanos y los de otros animales. El hecho de que los recursos ahora deban de ser considerados preciados e irremplazables no significa la extinción humana sobre la faz de la tierra, como hasta ahora, requiere de adaptación.

Habrá especies que prevalezcan cuando nuestro momento como especie haya llegado. Adaptarnos a la nueva situación será más sencillo si somos conscientes desde antes de que ocurran los cambios, desagradables y temerosos, como la idea de los cambios suele ser. Una vez que los cambios lleguen, si fuimos conscientes, el impacto ha de ser menor y colectivamente habrá una preparación para cualquier situación.

Parece ser que el consumo masivo desmesurado, como el que se lleva a cabo en las industrias (sí le resulta más sencillo piense en alguna de las que ya hablamos en los pasados capítulos) hace que todos los esfuerzos individuales se opaquen completamente. Hablamos de que las industrias pueden consumir recursos preciados basados en intereses personales sin importar el impacto.

El consumo de una planta maquiladora, para ilustrar, excede ridículamente el impacto que puede tener una persona en promedio. Una lección del estoicismo de gran utilidad en momentos como este, en los que es necesario ratificar los esfuerzos, es pensar en que nada del exterior puede afligirnos si es que no lo permitimos, es decir, aquello que no controlas no tiene motivos para acomplejarte.

Quien practica los principios de consumo que colindan con lo establecido en la analogía de la Botella de agua, es decir, de consumo responsable, en lo individual, se sienten bien por ahorrar y mesurar su impacto en el medio ambiente, entendiendo que lo que está en sus manos por hacer es lo que están haciendo.

Un evento catastrófico como detonante de la fortaleza en el ser

Un evento tan traumático que cambie para siempre la vida de una persona es completamente indeseable, aunque cuando ya ha sucedido no queda otra opción más que aprender y crecer a partir de las situaciones adversas que llegaron de improvisto, sin más, posiblemente en el momento en el que menos estaba preparado o preparada, pero ¿cómo se aprende de las situaciones?, ¿Cuál es la diferencia en los actos para que no se cometan los mismos errores una y otra vez?

La respuesta a esas preguntas la vamos a construir juntos. Aunque tengo para ofrecerle cuatro momentos cruciales que impiden aprender de las situaciones adversas y un quinto momento especial.

Principalmente hay que entender que una de las características que nos impiden crecer, es decir, mejorar continuamente, es la arrogancia. El ensimismamiento impide aceptar que por alguna razón las persona es débil, susceptible a determinadas cosas, carece de algo, etc. Eso, como primer momento, anula todo deseo de aprender. En el cerebro habrá indisposición, que crea una especie de bloqueo para que se modifiquen los esquemas cognitivos (es así como aprendemos).

El conocimiento se establece a partir de la modificación de esos bloques que tienen por meta el cómo se conciben las cosas. Piense en la primera vez que un infante descubre que hay otras personas con su nombre. Ese concepto, el del nombre, que el niño o la niña atribuía a su persona y nada más, se modifica para integrar el hecho de que en el mundo hay personas completamente distintas pero que comparten algo tan personal como el nombre. A eso se le conoce como modificación de esquemas cognitivos.

Ahora bien, además de afrontar los problemas con una actitud de humildad es necesario entender que el universo no tiene por qué estar en su contra o a favor suyo. No quiero competir contra sus ideologías, por lo que he redimirme a conceptualizar algo tan polivalente como la suerte...definámosla de la siguiente manera:

Reacción presente a eventos de acción previamente ejecutada, que es coincidente a otros eventos que pueden o no tener relación.

Por ejemplo, si usted choca porque no ha encendido en el momento indicado las luces direccionales, quizás en el momento cuestione a Dios, o al destino, o culpe a la suerte, pero ese infortunio precede a una acción previamente ejecutada. De forma que, el segundo momento para aprender de las situaciones indeseables es entender que, a falta de pruebas contundentes, no hay magia, ni está el universo conspirando en su contra, simplemente hay que entender que una acción lleva a una reacción, tal como Newton lo estableció, aunque él lo hizo con una connotación distinta, una aplicada a las ciencias duras.

Si la manera en que usted conduce es realizando movimientos premeditados, respetando los señalamientos viales y de circulación, anteponiendo su bienestar y el de los demás, en conclusión, conduciendo a la defensiva, difícilmente va a tener accidentes en los que usted sea culpable. Incluso si se trata de uno en donde usted no tiene ninguna culpa podría ser evitado gracias a sus acciones previas al probable accidente.

Evocar continuamente el pasado es el tercer momento que imposibilita el aprendizaje a partir de un evento adverso. Es indeseable si se trae a colación el pasado pensando en que a partir de un accidente sucederá lo mismo cada vez que haga lo que hacía durante el accidente o algo similar, pero es igual de indeseable que si se piensa que nunca más volverá a suceder porque se trata de un evento aislado. El primer escenario puede escalar hasta convertirse en una fobia, algo que ha de requerir atención profesional. El segundo escenario sugiere la probabilidad de que el evento indeseable x siga repitiéndose ante el descuido pleno de las acciones que antecedieron al evento.

El cuarto y último momento que yo le puedo proveer es la preponderancia que tiene estar abierto al cambio. Si la persona que ha atravesado por una situación difícil está indispuesta al cambio, por pequeño que sea, el aprendizaje será un proceso tortuoso e insatisfactorio. Hay que entender que en las situaciones adversas la persona influye directa o indirectamente, es decir, que hayan sido sus acciones por las que se originó el evento.

El efecto puede ser el mismo, pero el cambio en el caso de haber influido indirectamente se posiciona desde la pregunta ¿Qué sigue a partir de aquí? Si no se observa al cambio con buenos ojos, probablemente vuelva a ocurrir lo adverso, incluso existe la probabilidad de que escale a algo peor, o bien, que no vuelva a ocurrir jamás. Si se toma como base que posiblemente es el temor a la despersonalización la causa de negarse rotundamente al cambio, debe entenderse que el ser humano tiene la capacidad de adaptarse al cambio y mutar según sea necesario, pensando en mejorar o mantener la calidad de vida. Y este sería el último momento que nos aleja de aprender de los problemas, hay un último momento extra, pero ese es un tanto especial.

El último momento lo construye usted, en realidad es bastante simple. Consiste en comprender que todos los esfuerzos suman, pero desafortunadamente no le conozco personalmente, así que debe usted conocer bien cuáles son esas características que la pueden ayudar a aprender mejor. A mí, por ejemplo, se me facilita analizar, en ocasiones a profundidad, las situaciones y a partir de ahí es que aprendo.

Como yo, usted seguramente debe tener cualidades que mejoren el aprendizaje, pues hay cientos de combinaciones para conseguir el aprendizaje. Incluso puede pedir a alguien de confianza que asesore ese aprendizaje suyo, al preguntar aspectos como ¿Qué crees que debería aprender de esto que me ha pasado?, ¿debería dejar de hacer tal o cual cosa para que no me vuelva a suceder esto?, etc. Y después de ayudarse de alguien, puede meditar cuáles son buenas decisiones, qué cambios debería hacer, etc. Lo anterior se trata de una forma muy válida de aprendizaje, se trata del aprendizaje sociocultural.

Batalla contra la adversidad

Ahora entramos a uno de los temas más complejos de abordar, también es posiblemente uno de los más útiles, estoy hablando de la lucha contra la adversidad. Comencemos por definir qué es la adverso. Se puede entender como el excedente de elementos sobre los que una persona tiene control. Pensemos en algunas situaciones, cuando usted se levanta tarde porque falló la alarma de su dispositivo móvil o la alarma análoga, se trata de la adversidad. Cuando creía tener el plan perfecto para salir en familia, pero comienza a llover, se trata de la adversidad. Cuando cumplía cabalmente con los requerimientos civiles, sin dañar a nadie y repentinamente su país es invadido haciendo que una muestra de la población se desplace hacia lo desconocido (tal como ocurre al momento de escribir esto en los enfrentamientos bélicos entre Rusia y Ucrania), se trata de la adversidad.

Queda claro que son todas esas situaciones sobre las que no se tiene control, e incluso sobre las que no influye de manera directa. Después de presenciar un evento como ese, en donde la persona no tuvo control, aparece el duelo. Comenzando con la negación, seguido de la ira, después aparece la negociación, enseguida la depresión y finalmente la aceptación. No he de ahondar en las fases porque no soy psicólogo y no me compete, pero he de centrarme en la última de las etapas, la aceptación, para tratar con esta lucha en contra de lo adverso.

La aceptación es un rasgo distintivo en filosofías como el estoicismo, de índole pragmática, que atiende a la acción frente al sentimiento de estancamiento, al menos de manera virtual, y que embona perfecto con la analogía de la botella de agua. Evidentemente, no se trata, ante una situación traumática, de saltarse los pasos de la fase de duelo, inicialmente porque algo así es imposible y después porque no concluiría satisfactoriamente ese evento. La noción desde la que se trata la aceptación en este apartado es en función de situaciones emergentes que pueden clasificarse como algo adverso.

Se trata de pensamientos comunes y cotidianos, emergen de forma improvista y toman posesión del pensamiento y, en ocasiones, de la energía de las personas. Pongamos el caso de que su visión no es perfecta, o su oído, o su postura, o su estatura, o literalmente lo que sea que le haga sentir afligido. La solución a esos momentos de oscuridad es tajante y tiene que ver con la aceptación, aunque per se, es incompleta.

Son problemas que brotan de pensamientos parciales, las soluciones deben serlo también. Si su vista, como la mía, está lejos de ser perfecta y es algo que impacta en sus estados de ánimo, en su desempeño laboral, académico o incluso de forma estética, esta analogía indica que se debe comenzar con un ligero pero contundente pensamiento de aceptación. "Es así porque es así", "así nací", "es así porque Dios quiso que así fuera", etc. Son miles de frases capaces de acercar a las personas a esta noción de aceptación, no obstante, reitero, es un ejercicio incompleto, requiere de algo más.

La acción es el elemento complementario. Para que pueda realizar la batalla en contra de la adversidad tiene ya el escudo, que es la aceptación, y la espada portentosa que ha de ayudar a quien sepa utilizarla es la acción. Como se ha venido mencionando a lo largo de esta obra, hay que realizar acciones o actos basados en un balance, uno legítimo, de aquello que lo aflige y el acto necesario para pelear contra lo adverso.

Regresando al ejemplo de una visión imperfecta, un acto sobrio y centrado puede ser buscar en *Google* los teléfonos de los optometristas cercanos a usted. Como se puede dilucidar, tomar acción no es entrar a cirugía la mañana siguiente de que comienza algo a causarle molestias, algo como eso es irreal y solo logrará hacerlo estresar. Este momento de la acción tiene dotes del efecto placebo, en el sentido de que tomar acción, aunque se trate de versiones pequeñas de esta, saciará el temor infundado ante la adversidad - pero *shhh*, recuerde que para que el efecto funcione es necesario un índice bajo de conciencia sobre la medicina, así que mantengámoslo en secreto y engañemos a nuestro cerebro.

Considero necesario que en este momento del libro nos detengamos a hacer un ejercicio sencillo, divertido y sumamente útil, se llama Post mórtem. Aunque se utiliza mayormente en la administración de proyectos podemos aplicarlo sin mayor problema a nuestra vida. El ejercicio consiste básicamente en posicionarnos en el futuro, imaginando que fallamos inevitablemente en alguna tarea importante y a partir de eso debemos determinar las razones por las que eso sucedió.

Ahora bien, digamos que perdimos en una batalla (no la guerra) que se tiene contra la adversidad, debemos preguntarnos: ¿cuáles son las razones por las que fallamos en nuestra lucha contra lo indeseable? Yo sugiero que rescate al menos 10 situaciones por las que falló en esa batalla contra lo indeseable. La respuesta tendrá que ver con la falta de aceptación o, bien, con la ausencia de acciones pequeñas y premeditadas.

La práctica que le sugerí hacer tiene como objetivo que usted entienda los elementos que podrían hacerlo fallar en determinada tarea para que trabaje con ello antes de la desgracia. Un ejemplo de las razones por las que podríamos fallar contra la adversidad es el hecho de buscar venganza en lugar de recurrir a la justicia plena.

Pensemos por un momento en un escenario que representa lo anterior, digamos que usted está realizando un trámite burocrático y ya tiene buen rato en la fila, nadie además de usted alcanza a ver que alguien se mete injustamente unos lugares antes que el suyo. Si no premedita la acción que va a tomar a continuación, ni acepta que hay gente que quiere aprovecharse de los demás podría tener repercusiones al denunciar a la persona que se mete a la fila, quizás incluso haciendo que usted termine fuera de la fila al buscar venganza porque nadie sustentará lo que usted vio, imposibilitando su intento de realizar el trámite. Es un burdo ejemplo que puede escalarse a situaciones más delicadas.

Comprendamos que la adversidad representa a un campo intangible y sumamente amplio. Gran parte de las cosas que consideramos particularmente injustas en la vida se fundamentan en este rubro. Es por lo anterior que debemos anticipar que la respuesta hacia lo adverso podría no ser la mejor si no se esboza a la aceptación y a la acción premeditada, llevándole a escenarios peor de indeseables, agravando más la situación.

De cualquier manera, ante una mente bien abierta incluso el fracaso rotundo puede dar pie a logros (parciales) sólidos. La única condición es previsualizar lo adverso con ideas que acepten (no que validen o justifiquen la existencia de lo indeseable) y haciendo frente con acciones estructuradas, por pequeñas que parezcan.

En relación con la idea anterior, la del fracaso, considero importante cuestionarnos su relevancia. Es necesario desapegarnos levemente de lo que entendemos por fracaso, considerando que existe una connotación negativa sobre esta, gracias a un pensamiento globalizado del éxito como estándar único y absoluto en la vida de quien está determinado a realizar algo. Pensamientos como: "no puedes fracasar", "debes salir avante en todo lo que realices", "el fracaso implica perder todo lo que has creado", pueden significar un temor tremendo a decidirse a emprender, es un proceso paradójico en el que no se intenta por temor a fracasar, pero tampoco se gana por temor a intentar y fracasar.

Propongo una pregunta que ameniza la incertidumbre del paso que viene después del fracaso, la pregunta es la siguiente: ¿Se puede rescatar algo de la experiencia, incluso cuando las cosas no hayan funcionado como se esperaba? Basándose en la idea de que en ese momento fallar se transforma en algo distinto, evidentemente no se trata de "perder" siempre, pero es un proceso de eficiencia en los actos, conservando la energía humana depositada en los proyectos y empresas que nos caracterizan.

Para este proceso es necesario cuestionar nuestra capacidad para comprender el entorno. Aquí influyen diversos aspectos, por lo que tal habilidad varía de persona en persona. Los elementos que pueden influir en esta comprensión del mundo son: la edad biológica, el nivel de apertura mental, la madurez emocional, la cantidad y la magnitud de experiencias vividas, etc.

Podríamos resumir diciendo que la capacidad para comprender el entorno se mide en aquello que la persona no entiende, considerando que hay niveles de complejidad marcados tácitamente en nuestra realidad humana. Podríamos decir que tales niveles son el social, académico, laboral y político, teniendo por subdivisión las etapas de la vida: infancia, juventud, adultez (temprana y tardía) y vejez.

Se trata de una noción sobre los temas que exceden la capacidad propia de una persona, haciendo que no comprendan particularmente algún evento. No obstante, llegada la maduración, el crecimiento o el aprendizaje pleno la persona será capaz de entender sin problema aquello que resultaba un enigma. La comprensión de la realidad y el sentido de esta son la estructura ósea en la estabilidad psicológica del ser humano.

Pongamos como ejemplo de lo anterior cuando una niña pide un juguete a sus padres y estos le responden a secas que no tienen dinero. Sin lujo de detalle, la respuesta sirve como comodín al bifurcarse, cumpliendo tareas distintas. Por una parte, la niña sabe que sus padres sí tienen dinero, porque en numerosas ocasiones ha visto la billetera de su padre y el bolso de su madre con varios billetes en ellas. Entonces la pequeña es incapaz de comprender por qué sus padres le dijeron eso. La niña se cuestiona cosas como: ¿es que solo están siendo egoístas conmigo?, ¿se trata de que no es lo suficientemente buena como para ese juguete?, etc. Y las incógnitas pueden continuar, debido a la capacidad momentánea para entender el entorno.

Por otra parte, los padres entienden que a través de dar a su hija una respuesta contundente como "no tenemos dinero", ella dejará de pedirlo porque es la única forma de conseguir el juguete, según su comprensión de cómo funcionan las relaciones sociales de compraventa. Tal vez no sea la mejor respuesta porque deja incógnitas, pero basta por ese momento, así que deciden optar por ella. Ahora bien, no se trata de que realmente la familia esté en la quiebra, es más bien que mediante una evaluación rápida de lo que es el juguete, comprenden que es mejor utilizar el dinero para comprar comestibles, para pagar algún servicio, para una emergencia, etc.

Eventualmente la niña entenderá porque era mejor para la familia utilizar el dinero en otra cosa, dándole el sentido pertinente a la respuesta: "no tenemos dinero". La comprensión plena llega o bien con la maduración biológica, o bien con la maduración emocional y los saberes de una persona que cognitivamente ha crecido.

Finalmente, con el objetivo de cerrar la analogía de la botella de agua es necesario recordar que la probabilidad de su existencia en este planeta (o su improbabilidad) evidencia lo importante que es usted. No olvide que de igual forma otras personas y animales son importantes por el mismo hecho que usted lo es, ninguna vida vale más que otra. Le invito por favor a aceptarse tal y como es, aunque eso no implica la imposibilidad de cambiar paulatinamente a su ritmo. Simplemente se enfatiza el hecho de valorarse por la condición misma del ser y no esperar la ausencia de salud, de bienestar o el empeoramiento de su condición actual para rememorar lo que ahora tiene.

Considero este punto del libro el indicado para escribir sobre algunos ejemplos de personas que basan su vida según los principios que conectan con la analogía de la botella de agua, es decir, con todo lo que se leyó en este capítulo. Seres voluntariamente filántropos interesados en el bien colectivo, impulsados por el deseo de alcanzar la felicidad a través de ayudar a otros. Llamaremos a esas personas: *personas modélicas*.

Capítulo 12: Personas modélicas

"La filantropía se trata de hacer una diferencia positiva en el mundo al dedicar sus recursos y su tiempo a causas en las que cree".

-Jeff Skoll.

El regalo que tenemos los seres humanos de poder vivir en sociedades nos deja elementos virtuosos como el poder de enseñar a las generaciones más jóvenes, incluso las que no tienen ninguna relación genética con nosotros. En algunas especies de animales, gran parte de los mamíferos, por ejemplo, existe una especie de capacitación de parte de los padres hacia sus crías con el objetivo de enseñarles lo que las pasadas generaciones les enseñaron a ellos, pero cuando se trata de enseñarles a otros que no estén relacionados directamente con ellos suele ser complicado.

Pensemos nuevamente en los osos polares, una madre puede cuidar y proteger de amenazas a sus crías hasta 2 o 3 años. En el proceso les enseña las habilidades que ella conoce y cuando el tiempo indicado llega las crías parten a hacerse valer por sus propias habilidades. Durante el tiempo en el que la madre cuidó de sus crías entre tantas amenazas está siempre latente el hecho de ser asesinados por osos polares macho (sí, cometiendo actos de canibalismo, como ya vimos en el capítulo *Flora y fauna*), cosa que no ocurre con los seres humanos...o al menos no porque los demás quieran literalmente comerse a los más jóvenes.

Desde luego los humanos no somos los únicos seres empáticos sobre la tierra, pero el hecho de ser animales sociales nos permite cobijar y enseñar a otros incluso si no existe consanguinidad. Las personas que más saben tienen la responsabilidad moral de enseñar a los que no saben y deben saber, un profesor, por ejemplo. Los profesores son personas modélicas debido a que tienen habilidades para transmitir conocimientos a sus jóvenes aprendices, o eso es lo ideal.

Pero no son los profesores las únicas personas modélicas. Una persona modélica es aquella que por su actuar puede hacer un cambio para bien en las demás personas, independientemente de su edad, sexo, raza, género, gustos, clase social o casi cualquier elemento que pueda etiquetarlo, la única condición es que sus actos sean tan acertados por la condición misma de sus decisiones y su voluntad humana.

A este grupo de personas nada ni nadie las obliga a actuar correctamente, no pretenden tampoco el reconocimiento de la sociedad, algunas de ellas incluso sucumben al anonimato para evitar que se corrompa el proceso. Los impulsos predilectos a tomar estas decisiones y actuar de esta manera viene desde dentro, son: las experiencias, el nivel de empatía que tiene el individuo, el sentimiento de deuda con la humanidad por regresar proporcionalmente lo que se nos ha otorgado o incluso más, la satisfacción intrínseca de compartir con otros y la noción de que compartiendo con otros se crea un círculo en el que los recursos brindados vuelven a quien brindó su apoyo – una pseudo concepción kármica –.

Partiendo desde una perspectiva utilitarista, las personas modélicas toman las decisiones y actúan de manera que se genera el mayor beneficio o felicidad para una persona o grupo de personas, siguiendo la tendencia del bien colectivo. Hay en este planeta muchas personas modélicas, pero como ya vimos antes, el reconocimiento no es del interés de estos por lo que los buenos actos pueden pasar a desapercibidos mediáticamente, ya sea porque son actos pequeños (aunque de gran impacto) o porque la persona no tiene fama en el colectivo humano.

Una vez escuché decir a alguien que, al cometer actos buenos a una persona, por muy grandes que fueran, no iban a cambiar al mundo, pero posiblemente iba a cambiar el mundo de esa persona. En una realidad de masificación, como la nuestra, pareciera que da igual que haya una persona más o una persona menos.

Cuando se contrapone el total de población humana contra un deceso deja como resultado un número tan pequeño que hace sentir como que ninguna vida importa, pues no importa cuántos mueran siempre habrá alguien para suplir su puesto. Parece ser que la vía correcta no es la de emanciparse emocionalmente del sentir de los demás, no solo humanos sino también animales, de hecho, ese es el camino opuesto a todos los avances que hemos conseguido como especie (y vaya que hemos avanzado en los últimos años).

La consciencia humana extrapolada a una concepción colectivista del funcionamiento de la vida en sociedad requiere de un proceso dicotómico en el que se entiende que cada vida en la tierra es maravillosa y debe ser aceptada, cuidada y respetada como al objeto más preciado que pudiera haber, pero al mismo tiempo la existencia humana no es superior a la de otros seres vivos.

De esa manera se puede comprender que se tienen los mismos derechos de estar sobre este planeta, sin importar la especie, y quizás debería de valorarse cualquier vida tanto como la humana. Al fin y al cabo, la vida es un efímero momento, opuesto a la muerte, comparado con la eternidad que nos mantiene dormidos. Parece que la vida es un destello del universo para comprenderse a sí mismo, a través de la limitada concepción de seres tridimensionales racionalmente en maduración.

Es fundamental que la persona que lee esta obra no pretenda que el hecho de volverse una persona modélica va a hacer que su vida cambie completamente de la noche a la mañana. La persona modélica, es decir, aquella consciente de su existencia, entiende que esperar cambios perpetuos y así de radicales parten de una noción apasionada y poco realista.

Los cambios llegan con la persistencia y la adopción de hábitos dignos de una persona modelo, por ejemplo: quien entiende su impacto en el planeta; quien ayuda a otros a partir de impulsos y motivaciones internas relacionadas con la felicidad que causa el actuar bien; quien tiene en mente el bien colectivo como un proceso esencial para que puedan cohabitar animales humanos y no humanos. Siendo consciente también de que, pese a que en algún punto va a morir, su existencia es valiosa.

La vida de quién tiene la oportunidad de leer las páginas de este libro resulta un regalo por el mero hecho de existir, se trata de una conjugación probabilística sumamente volátil lo que le hizo posible estar en este punto de la historia humana, recuerde que nos ha tocado ser humanos, no fue algo que hayamos elegido, tampoco el momento histórico en el que ha nacido. Sin embargo, es necesario comprender que hay trabajo por hacer, para que el mundo cambie se requiere de un pensamiento generalizado, algo como lo que ocurrió con la globalización, pero sin interponer los intereses personales sobre el bien colectivo.

De esa forma, y entendiendo que somos los seres humanos contra las adversidades y no seres humanos contra seres humanos o contra animales no humanos. Hay elementos imprescindibles para que lo ya mencionado ocurra, por ejemplo, la disposición en las personas de ceder cuando se trata de la mejor decisión, es decir, la que aporta un mayor grado de beneficio colectivamente, para ello se requiere de la coordinación humana.

La parte final de esta obra me lleva necesariamente a una pregunta cumbre que nos ha guiado a lo largo de este libro. La pregunta es la siguiente: ¿Dejar huella en la historia de la humanidad es el fin último de mi existencia? Es una pregunta sumamente compleja. De responderla afirmativamente, implica considerar cuáles son las maneras de dejar esa huella, por ejemplo, podríamos cuestionarnos si es nuestra descendencia genética ya una huella por sí sola. En caso de que el eslabón de ADN que compartimos con el mundo sea una huella, quienes sean incapaces biológicamente de tener hijos habrían fallado en su misión como seres humanos.

Es una noción indudablemente excluyente, imagine que la procreación no es una huella válida. Pensemos en que únicamente quien ha emprendido inusitadamente en la realización de algo singular ha dejado huella. Entonces habría fallado el gran porcentaje de seres humanos que no ha dirigido una película; que no ha publicado un libro; que no ha formulado un fármaco para alguna enfermedad; que no ha dirigido diplomáticamente a una nación entera; etcétera.

Parece que tampoco es ese el fin último único de los seres humanos, pero, si no es una acción tajante, que abruptamente te pone en el radar, ni tampoco es contundente el hecho de procrear seres con una proporción de nuestro contenido genético, ¿Cuál es entonces el fin último de nuestra existencia? La mejor respuesta, desprovista de absolutismos polémicos, es lo que el lector o lectora considere.

Personalmente, considero que las acciones son la respuesta. Las decisiones que tomamos sobre lo que nos acontece es lo que marca nuestro curso como especie. Es imposible aseverar la reacción que se hubiera desencadenado de una decisión que no se efectuó, de ahí el dicho popular: "el hubiera no existe". Pero sí sabemos con certeza cuales decisiones son las que llevaron a los acontecimientos más importantes conocidos abiertamente. Piense en que fue una acción, transformada en varias acciones, lo que llevó a que 43 estudiantes normalistas en México perecieran a manos de perpetradores (quienes solo seguían órdenes de la persona o las personas que decidieron que eso era lo correcto).

Sabemos cuáles son las decisiones que fueron necesarias para que Salvador Ramos disparara y asesinara a 19 niños y un par de profesores en Uvalde, Texas, Estados Unidos. No podemos determinar con certeza que hubiera ocurrido si alguien hubiera escuchado con atención a ese niño hostigado que después se convirtió en un "monstruo", según un medio alarmista de mi ciudad. Es sencillo juzgar el momento en el que todo colapsó, en el que se cometieron los crímenes, pero vaya lo complicado que resulta preocuparse por el antecedente. Las acciones determinantes de algún fenómeno son solo los momentos sonoros de una construcción subyacente que se ha ido formando a la par, generalmente de forma silenciosa.

Pongamos como ejemplo el uso de la acción como estrategia singular para detener alguna situación indeseable. Si se parte desde la perspectiva de las autoridades que en muchas ocasiones está desfasada y alejada del momento cumbre de lo indeseable, difícilmente se va a conseguir algo positivo. Para lograr un cambio verdadero, además de la acción plena, es necesario posicionarse virtualmente en las condiciones que preceden al momento indeseable. Se trata de observar el contexto de forma detallada y a partir de ahí comenzar a desarrollar los planes para después actuar. Además de las acciones, relevantes como se ha mencionado antes, lo que nos será de utilidad en este intento por resolver la compleja pregunta que he planteado, es la cuestión de la perspectiva.

A lo largo de esta obra de desarrollo humano se logra apreciar de manera sutil el impacto que esta tiene, pero no lo planteo directamente hasta ahora. En el sentido común de la palabra, perspectiva es la manera en que una persona visualiza la vida, en el entendido de que ser humano implica tener una procedencia distinta a la del resto, condiciones de vida únicas e ideologías que pueden diferir completamente con las de los demás. La perspectiva es aquello que influye para que dos personas vean la misma situación de diferentes maneras.

Pongamos como ejemplo lo siguiente: durante una reunión importante que se llevó a cabo en dos empresas similares, dos personas iban a presentar sus ideas revolucionarias en simultáneo, en puntos diferentes del planeta, pero por tal o cual motivo arruinaron por completo su presentación al punto que fue bochornoso para quien presenciaba la exposición. Mientras que una persona lo ha de catalogar como la tragedia más grande en su vida, otra lo puede catalogar como un evento sin importancia del cual aprender para no volver a cometer el mismo error.

Ambas formas de visualizar los acontecimientos son válidas, tienen ventajas y desventajas, pero influye directamente en el actuar consiguiente, en el estado de ánimo, en la confianza y en la autoestima de las personas sobre sus capacidades.

Cuando me ofusco por superfluas situaciones humanas cotidianas me gusta recordar el "*memento mori*", del cual posiblemente haya escuchado usted en alguna ocasión, pues se trata de una expresión latina común intercedida por los principios estoicos. Básicamente consiste en recordar que usted, eventualmente, va a morir. A través de esa frase se pretende que el individuo se concentre en lo verdaderamente relevante. Pensar en ello me tranquiliza, más que pensar en el hecho auténtico de que voy a morir, me lleva a comprender lo pequeño que soy, tanto en la vastedad del universo como en la historia del mismo.

Eso nos lleva directo a ponernos en perspectiva para considerar las acciones a tomar; para dejar nuestra huella en la historia de la humanidad. Digo de la humanidad porque para que siquiera se intente infiltrar en la historia del cosmos parecen necesarios varios pasos más como especie y con esto miles de años de evolución.

Ha llegado el final de Me ha tocado ser humano... fue un proceso glorioso y de mucho aprendizaje. Deseo de corazón que los momentos de análisis situacional hayan despertado algo en el lector, que genuinamente se haya cuestionado sobre algo que hacemos como especie y cómo la modificación de determinada acción podría acarrear cambios positivos.

La elaboración de esta obra surgió como un intento por compartir algo de lo que he aprendido en mi formación académica, en mi formación civil y en general en mi construcción como ser pensante.

Gracias lector o lectora por haber llegado hasta este punto, no hay palabras que hagan justicia a la felicidad que siento por haber terminado de escribir un libro y que alguien haya avanzado tan lejos. Significa que los pasajes que ha creado este humilde autor son lo suficientemente buenos como para mantenerlo leyendo.

Le agradezco por haber interiorizado las ideas que en esta obra se plantean, ya sea que lo haya hecho para debatirlas o para aceptarlas, de cualquier forma, estoy muy agradecido.

Agradecimientos

Ha llegado una de las partes que más me emocionaba escribir pues sé que siempre será un momento emotivo para los escritores. Lamento si olvido a alguien o a algo que haya influido en la creación de este libro por ser la primera ocasión que lo hago. Quiero agradecerle antes que a nadie a usted querido lector, por haber aceptado la presente obra, es muy grato para mi tener a quien escribirle. De la misma manera y con el mismo sentimiento de gratitud, quiero darlas gracias a mis padres por haberme criado con amor y respeto.

El destino, la probabilidad y la estadística o lo que usted considere que ocasiona lo siguiente pues, quiero agradecer haberme acomodado en una familia que apenas alcanzaba a cubrir los gastos, teníamos todos los servicios, pero nunca fuimos una familia pudiente, debido a que nunca pasamos hambre pude pensar desde que era un niño pequeño. Vivir en medio, entre los suburbios y la clase pudiente, convivir con la gente de escasos recursos y los que tienen de sobra, todos esos pequeños grandes detalles me hicieron cuestionarme mi lugar en esta gran roca.

Mis hermanos son un motor, me inspiran y me motivan ha siempre dar lo mejor de mí, gracias a ellos he crecido y ellos lo han hecho junto conmigo. Agradezco mi posición, y soy humilde ante los privilegios de los que gozo, y es la misma convicción que me motiva a evitar fanfarronear sobre algún beneficio del que goce. El pensamiento es siempre en función de compartir con mi familia y con el mundo, con mi entorno, con mi planeta. Tengo la metafórica creencia de que si he hecho las cosas mal en algún punto tendré un Mercedes Benz afuera de mi casa.

Agradezco a mis profesores y a la Universidad Autónoma de Ciudad Juárez, pues de no ser por ellos jamás hubiera podido escribir de la forma en que lo hago. En especial quiero agradecer enormemente a la Dra. Villalpando quién me ayudó en muchos momentos a lo largo de mi formación y en el desarrollo de esta obra.

Entran aquí también mis amigos. a quienes conocí en la universidad y me impulsaron, a su modo, a seguir escribiendo. Gaddiel, Leslie Marlene y Alejandra Pliego, gracias a ustedes comprendí que tenía lectores ajenos a mi madre lo cual me convertía en escritor, incluso sin haber publicado, entonces si ya era escritor ¿qué más daba que yo siguiera escribiendo? Les agradezco enormemente por. Y está por demás agradecer a aquellos otros factores que han influido directa o indirectamente para la realización de este libro.

La música de While She Sleeps y Architects fue la gota que derramó el vaso para que yo me decidiera a tomar acción y que comenzara a escribir.

Referencias

Allen, K., Plowman, J. (Productores ejecutivos). (2006-2010). *That Mitchell and Webb Look* [Serie de televisión]. BBC.

Architects. (2021). Dead Butterflies (Canción). En *For Those That Wish to Exist.* Epitaph.

Clifton, J. (2017, 13 junio). *The World's Broken Workplace.* Gallup. Recuperado 21 de agosto de 2022, de https://news.gallup.com/opinion/chairman/212045/world-broken-workplace.aspx?g_source=position1&g_medium=related&g_campaign=tiles

Iger, R. (2020). *Lecciones de liderazgo creativo* (1ra edición). Penguin Random House Grupo Editorial.

Institute of Medicine. (2005). Dietary Reference Intakes for Water, Potassium, Sodium, Chloride, and Sulfate. The National Academies Press.

Kolhberg, L. (2017). *La educación moral según Lawrence Kohlberg* (3.ª ed.). Gedisa Mexicana.

Nat Geo [@natgeo]. (5 de Febrero de 2022). Photo by @paulnicklen | I often receive DMs from people suffering climate-related anxiety. Perhaps you are even feeling it now [Fotografía]. Instagram. https://www.instagram.com/p/CZ19-IuOglY/?hl=en

Objetivo 1: Poner fin a la pobreza en todas sus formas en todo el mundo. (s. f.). United Nations. Recuperado 21 de agosto de 2022, de https://www.un.org/sustainabledevelopment/es/poverty/

Paz, O. (2015). *El laberinto de la soledad* (22.ª ed.). Cátedra.

Rodríguez, I. (Director). (1961). *Ánimas Trujano* [Película]. Azteca Films Inc; United Artists.

Ruizpalacios, A. (Director). (2014). *Güeros* [Película]. Instituto Mexicano de Cinematografía; Postal Producciones.

Salario mínimo mensual en países seleccionados de América Latina en 2022. (s. f.). Statista. Recuperado 21 de agosto de 2022, de https://es.statista.com/estadisticas/1077860/america-latina-salario-minimo-mensual-por-pais/

Saucedo Sánchez de Tagle, Eduardo Rubén (2007). Notas y reflexiones etnográficas en torno a la fauna y su relación con la región celeste del cosmos rarámuri. Cuicuilco, 14(39),79-98.[fecha de Consulta 2 de Noviembre de 2021]. ISSN: 1405-7778. Disponible en: https://www.redalyc.org/articulo.oa?id=35111319004

Sinek, S. (2021). Empieza con el por qué: Cómo los grandes líderes motivan a actuar (1.a ed.). Ediciones Urano México.

Teegarden's Star b. (s. f.). Exopolanet exploration. Recuperado 12 de enero de 2022, de https://exoplanets.nasa.gov/exoplanet-catalog/7423/teegardens-star-b/

Vakoch, D. A., Dowd, M. F., & Drake, F. (2015). The Drake Equation: Estimating the Prevalence of Extraterrestrial Life Through the Ages: 8 (1. ed.). Cambridge University Press.

While She Sleeps (2021). You are all you need (Canción). En *SLEEPS SOCIETY.* Sleeps Brothers; Search and Destroy; Spinefarm Records; Universal Music.

Made in the USA
Middletown, DE
07 January 2023

19241027R00118